科 · 学 · 跑 · 步
女子跑步百科

陈颖 ◎ 著

中国书籍出版社
China Book Press

图书在版编目 (CIP) 数据

科学跑步 . 女子跑步百科 / 陈颖著 . -- 北京：中国书籍出版社 , 2021.3
ISBN 978-7-5068-8392-4

Ⅰ . ①科… Ⅱ . ①陈… Ⅲ . ①女性 – 健身跑 – 基本知识 Ⅳ . ① G806

中国版本图书馆 CIP 数据核字（2021）第 046373 号

科学跑步 . 女子跑步百科

陈 颖 著

责任编辑	成晓春
责任印制	孙马飞 马 芝
封面设计	仙 境
出版发行	中国书籍出版社
地 址	北京市丰台区三路居路 97 号 (邮编：100073)
电 话	（010）52257143（总编室） （010）52257140（发行部）
电子邮箱	eo@chinabp.com.cn
经 销	全国新华书店
印 厂	三河市德贤弘印务有限公司
开 本	710 毫米 ×1000 毫米 1/16
字 数	201 千字
印 张	15.25
版 次	2022 年 1 月第 1 版
印 次	2022 年 1 月第 1 次印刷
书 号	ISBN 978-7-5068-8392-4
定 价	56.00 元

版权所有 翻印必究

前　言

迎着晨曦出发，奔跑着，迎接美好的一天。

结束了一天的劳累，通过一场健身跑来获得放松、治愈自己。

勇敢地迈开第一步，去感受跑步，享受跑步的乐趣，在这乐趣中收获健康、收获亲情、收获友情、收获爱情，收获更好的自己。

女性为何要参与跑步？

女性能从跑步中收获什么？

有哪些对女性跑步的质疑是值得商榷的？

……

带着这些问题，跟随本书一探究竟吧。

本书开篇解答了女性跑者的一些疑惑，深入浅出地介绍了女性参与跑步的必要性和重要性，同时对女性参与跑步的科学准备、跑步姿势学练、跑步营养与跑步塑身、跑步运动损伤等问题进行了详细解析。本书可以让广大女性跑者真正爱上跑步，并帮助她们坚定跑步的信心，让她们无惧质疑、无惧损伤，享受跑步！

此外，本书特别设置"畅聊跑步""温馨提示""为你加油"三个板块，

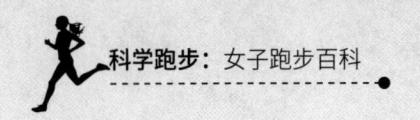

让你在轻松愉悦的阅读过程中全面地了解跑步、认识跑步、参与跑步。

快来体验跑步的乐趣，收获跑步的馈赠，开启一段新的健康旅程，在更好的未来塑造更好的你！

作者

2020 年 12 月

目 录

1 CHAPTER 第一章 科学面对，健康启程：爱上跑步 /001

为什么要开始跑步？ /003

你想从跑步中得到什么？ /015

你能从跑步中收获什么？ /019

跑步前的几个困扰，还没开始就想放弃？ /027

可供你参考的跑步计划 /035

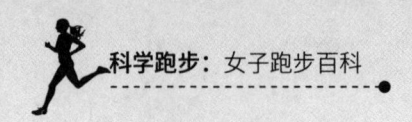

2 CHAPTER 第二章 万事俱备，优雅开跑：跑步前要做哪些准备 / 039

选择适合自己的跑鞋 / 041

选择一套运动服 / 051

运动内衣怎么选？ / 059

电子装备与跑步 App / 063

不要忽视防晒 / 069

跑步前的心理准备 / 073

3 CHAPTER 第三章 姿势标准，技术正确：跑道上的美丽倩影 / 077

必要的跑步热身 / 079

坚持正确跑姿 / 089

学习科学的跑步技术 / 095

从初跑者成长为专业跑者 / 103

轻松应对比赛 / 109

跑后放松以及一些常见问题应对 / 113

4 CHAPTER 第四章 关注摄入，减脂塑身：越跑越瘦的秘密 / 119

运动与营养 / 121

关于"瘦"的一些谣言与真相 / 131

了解脂肪与卡路里 / 141

女子跑步科学饮食法则 / 149

5 CHAPTER 第五章 征服不服，潇洒奔跑：回击女子跑步的质疑声 / 153

孕妇不能跑步吗？ / 155

跑步与家庭如何平衡？ / 159

跑友重要吗？ / 165

教练能给你什么帮助？ / 171

年轻跑者与更年期跑者，不同年龄，各具风采 / 175

挑战马拉松 / 179

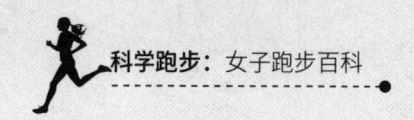

6 CHAPTER

第六章 防治损伤，呵护心灵：女性跑步安全 / 187

一些基础性损伤 / 189

哪些疼痛说明你可能受伤了？ / 199

女子跑步常见伤病 / 211

警惕与避免奔跑路上的一些人身伤害 / 227

参考文献 / 233

CHAPTER 1

第 一 章

科学面对,健康启程:
爱上跑步

在林间、在水边、在健步跑道上……总能看见一些努力奔跑的女性,她们挥汗如雨、健步如飞,她们是如此的可爱又可敬。

越来越多的女性爱上跑步,通过跑步来让身体始终焕发青春活力。跑步运动的方便开展让更多女性愿意选择它;跑步的诸多益处也让更多女性愿意坚持这项运动。

为什么要开始跑步？

畅|聊|跑|步

有哪个女性不爱美呢？在人群中，那些身材健美、穿着得体、浑身散发青春与活力的人，总是会格外引人注目。

对于女性来说，跑步是一种非常简单、有效的健身、健美运动。你有没有坚持跑步的习惯？有没有想要参与跑步的想法与计划？你身边有热衷于跑步的女性朋友吗？她们是怎么看待跑步运动的？

跑向自由与健康

不管你是多大年龄，不管你学的什么专业，从事的是什么职业，不管你在家庭或社会中扮演什么样的角色，你都可以加入到跑步运动中来，成为一名跑者。

来简单了解一下一些女性跑者对跑步的感受。

"自从坚持跑步以来,我整个人都更有精神了,感觉自己仿佛年轻了许多。"

　　"我坚持跑步半年了,每天跑步的时间并不长,大多时候只有30分钟,一个月内也会有因为各种事情耽误,会有三四天是不跑步的。跑步让我的体重减少了,皮肤也更紧致了,我想我会继续坚持跑下去的。"

　　"跑步,是一个非常好的习惯,它让我更自律,我再也不是起床困难户了,哈哈……"

　　"参与跑步纯属意外,一开始我只是陪跑,现在变成朋友陪我跑;一开始还担心跑步会让腿变得更粗,坚持两年了,现在完全没有这种顾虑,只要合理控制运动强度,是绝对不会跑出'大象腿'的。"

　　"我喜欢自己跑步,在跑步的过程中,享受难得的独处时光,健身健心,一举多得。"

感受跑步的乐趣

越来越多的女性爱上跑步,并从跑步中受益。

如果你刚开始接触跑步,你可能会遇到各种各样的问题,但是当你坚持一段时间后,你就会发现,参与跑步,使你身心受益。

> **温馨提示**
>
> 有很多人有过尴尬的跑步初体验,这种不太愉快的体验让她们最终放弃跑步。
>
> 这些人的第一次跑步经历狼狈不堪,她们拼命想要表现得好一些,于是不由自主地加快脚步,想要跑得更快,跑得更远。
>
> 可是,过快的跑速和不科学的呼吸很快让她们感到胸闷、气短、肌肉酸痛。如此痛苦的跑步初体验对于跑者来说,简直糟糕透了,同样也不利于身体健康。
>
> 对于初次参与跑步的人来说,应注意保持正确的跑步姿势与速度,以及有节奏的呼吸,一味地贪快是不可取的。当在跑步过程中不能适应较快的跑步速度时,就应该有意识地让自己慢下来。

多样化的跑步选择

如果你认为跑步就是"甩开两条腿跑",那说明你还没有全面了解跑步运动。

作为当下最流行的健身健心运动之一,跑步运动的形式可以是多种多样的。接下来,我们一起来了解几种跑步形式。

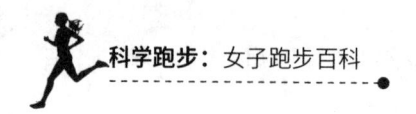

❈ 原地跑

原地跑很好理解，就是不移动跑步位置的跑步。这让跑步随时随地都可以开展，无论是在室内还是室外，只要你不会影响到他人，只要你有一块立足之地，你就能跑起来。

如果你觉得原地跑有些枯燥，你可以选择一边听歌一边跑步。或者，一边追剧一边跑步也是非常令人享受的事情。

跑步的过程中可以选择自己喜欢和适应的速度，当然，也可以加上一些上肢和腰部动作。

❈ 跑步机跑步

现在，很多女性白领都会定期去健身房跑步，享受健身与休闲时光。

跑步机跑步与原地跑步有异曲同工之妙，能在没有位移的情况下进行跑步健身，也是非常不错的选择。

健身房里跑步的女子

❁ 慢速跑

简单来说，慢速跑就是有意识地放慢跑步速度的跑步方式，这种跑步方式适合初跑者，也适合跑步比赛后需要放松的人。

那么，跑步的速度多慢才是"慢速"跑呢？

一般认为，90～130 步 / 分的步速是属于慢速跑的范畴的。

需要特别提醒你的是，在参与跑步运动初期，可以跑慢一些，让身体能很好地适应跑步。推荐 20～30 分钟跑 2.5～3 千米 / 天。

❁ 倒着跑

倒着跑是非常有意思的一种跑步方式。

在运动界，倒着跑最初被当作一种康复方法用于康复训练，之后才逐渐传播开来，成为一种常见的运动方式。

在倒着跑时，要注意以下几个问题：

- 抬头，挺胸，目平视。
- 上体正直稍向后。
- 两臂自然摆动。
- 跑时，步伐稳健，每一步都要踏实，注意控制重心，避免摔倒。

❁ 变速跑

有很多人说，长时间跑步是枯燥的，如果你也这样认为，那么可以尝试一下变速跑。

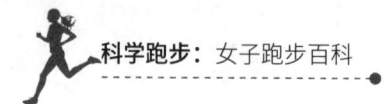

变速跑最适宜在户外进行

在变速跑过程中，你可以结合自己的喜好和身体情况选择跑步速度和具体的速度变化。慢跑与快跑交替进行，能为跑步增添不少乐趣。同时，在速度变化过程中，也可以有效地锻炼身体的适应能力。

❀ 耐力跑

耐力跑更适合有跑步经验的女性，适合体质健康者，青少年参加耐力跑锻炼也是非常不错的选择。

耐力跑不仅能有助于锻炼跑者的心肺功能，也有助于锻炼跑者的意志力。

温馨提示

耐力跑时，跑步的距离往往是比较长的。在跑步过程中，一定要注意呼吸的调整，这对于耐力跑健身者来说至关重要。

一般来说，参与耐力跑，跑者对氧气的需求量非常大，尤其是在耐力跑的中后程，跑者很容易感觉到疲劳，呼吸节奏也容易乱，一些没有经验的女性会选择用口呼吸，来缓解鼻子呼吸获氧的不足。

事实上，在跑步时，应尽量选择用鼻呼吸，用口来代替鼻呼吸是不正确的呼吸方法。用口呼吸最明显的感受是会口干舌燥，而且这样呼吸可能会让你消耗更多的体力。

正确的呼吸方法是，加深鼻呼吸，偶尔用口协助呼吸，用鼻子吸气，用嘴巴呼气。

❀ 障碍跑与越野跑

如果你是一个敢于挑战自我的女性，想要给自己的跑步健身增加一些难度，那么不妨尝试参与障碍跑与越野跑。

享受跑步，享受自然

与前面提到的几种跑步运动方式相比，障碍跑与越野跑更具有挑战性，需要跑者穿、钻、爬过各种障碍，需要跑过不同的地形，对于跑者来说，是非常有趣和难忘的跑步经历。

为你加油

对于从来没有参与过障碍跑或越野跑的跑步新手来说，在第一次参与障碍跑或越野跑时，难免会有些担忧。那么，应该通过哪些训练，让自己的身体能提前适应将要开展的跑步运动呢？

以下几种方式可以很好地帮助到你：

- **高抬腿跑绳梯**

你可以尝试在地上放一个绳梯，格与格间距约50厘米，或者用一些物体摆出一个梯子，尽快跑过这个绳梯。

第一章　科学面对，健康启程：爱上跑步

- 单腿过栏架跑

快速跑过 10 个约 30～40 厘米高的栏架，如果没有栏架，可以用其他高度相当的物体代替。

- 双腿过栏架跑

方法同上，只是过栏架的时候，双脚同时跳过。

一般情况下，建议在大自然环境中开展障碍跑与越野跑。在大自然环境中参加障碍跑和越野跑，享受鸟语花香，与大自然亲切接触，是非常不错的跑步方式。

马拉松跑

畅｜聊｜跑｜步

你有没有过参加马拉松的想法？有没有关注过马拉松赛事？

你或你身边的朋友，有参加马拉松的经历吗？第一次参加马拉松是怎样的一种感受呢？

你知道马拉松的全程有多少千米吗？要跑完一整场马拉松，一般需要几个小时呢？

对于女性来说，参与马拉松跑，是一件非常酷的事情。

马拉松（Marathon）全程 26 英里 385 码，大约 42.195 千米（也有认为是 42.193 千米）。

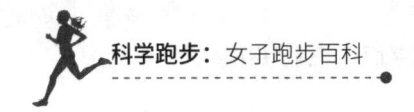

万人参与的马拉松赛事

马拉松全程的距离非常长，尽管如此，马拉松热潮却连年持续不减，非常受跑步爱好者的欢迎。

2018年9月16日，北京马拉松在天安门广场起跑，报名人数超过10万人。

2019年11月17日，上海马拉松成功开赛，在上海市外滩金牛广场鸣枪开跑，此次赛事报名人数超过15.5万人，报名人数再创新高。

女性跑步爱好者参加马拉松是非常了不起的，无论是"半马"，还是"全马"，能坚持跑完全程，对身心都是极大的考验。

温馨提示

女性参与马拉松，应注意以下几点：

- 结合自身实际情况确定是否参加半程马拉松或者全程马拉松，千万不可逞强。
- 参与马拉松期间，保持健康饮食习惯，重视营养，晚餐少食。加餐宜少量，切忌吃饱。
- 男女生理特点不同，应正视，并重视这种生理差异。
- 马拉松跑过程中，补水应多次少量。
- 如果在马拉松跑过程中，身体不舒服，一定要及时调整，必要时可放弃跑完全程。
- 马拉松跑结束后，不要立刻停下，应再继续慢跑一段，让身体从运动状态逐渐过渡到静止状态。

科学跑步

女子跑步百科

你想从跑步中得到什么？

畅|聊|跑|步

你有没有办过健身卡呢？你身边有没有办过健身卡的朋友呢？健身卡使用频率很高还是被闲置了呢？

你参与跑步运动的初衷是什么？是什么样的原因让你愿意尝试跑步运动？你想从跑步运动中得到什么？

明确跑步的目的

当你决定要参加一项运动时，你一定要明确自己的运动目的，这有助于你更有针对性地去参与运动。

跑步是一项非常方便开展的运动，是没有任何运动经验但想要尝试运动的健身者的优选项目。

如果你是为了健身而参与跑步，那么就要结合自己的实际情况来制订跑

步计划，并考虑是否需要聘请教练。

对于一些女性来说，选择参与跑步可能是为了丰富社交生活，那么找到志同道合的跑友就是非常重要的。你需要做的不仅仅是跑步运动的准备，还有社交方面的一些准备。

无论你将跑步看作一种健身活动，还是社交活动，都应该在参与跑步运动前，明确自己的跑步目的，明确自己想要从跑步运动中获得什么，然后再去做。

正在跑步的年轻人

坚持跑步，终将有所收获

任何一项运动要收获良好的运动效果都需要坚持，跑步也不例外。

很多女性在刚下定决心跑步时信心满满，可是在跑了几天之后，面对肌肉的酸痛，就会有想要放弃跑步的想法。

面对因初次跑步而带来的身体的各种不适应，这时你要做的就是坚持下去。

坚持跑步可以让你持续维持良好的健康状态，如果"三天打鱼，两天晒网"，或者在坚持一段时间后因某种原因而停止跑步，那么不仅无法实现你最初想要参与跑步运动的目的，而且身体也会出现跑步后的各种不适应。

如果你决定参与跑步，那么首先就要做到持之以恒，将跑步当成一种终身体育运动，积极参与，并且坚持下去。

科学跑步

女子跑步百科

你能从跑步中收获什么？

畅│聊│跑│步

在决定参与跑步运动之前，很多人都会有这样一个疑问："为什么我要选择跑步，而不是其他运动？"

参与跑步运动有很多益处，你知道是什么吗？你能说出跑步运动的几个特点和优点吗？

跑步的诸多益处

跑步，简便易开展，不需要很多专业的技巧，男女老少皆可参与，随时随地可以进行，就这些特点来说，跑步是一项非常方便且非常值得参与的运动。

此外，跑步还能给我们的身心和生活带来如下诸多益处和积极改变。

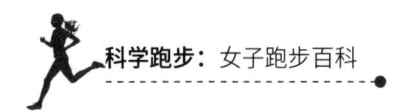

🌸 强身健体

跑步是一项有助于身体健康的运动，参与跑步，能促进我们的身体发生很多良性的生理变化。

> 跑步能增强心脏的活力和功能，加深心脏每搏血液的输出量，让心脏更强健。

> 长时间坚持跑步，能有效锻炼呼吸系统和肺部工作能力，能让呼吸加深，降低呼吸频率，提高肺活量，提高氧气利用率。

> 跑步能促进身体新陈代谢，促进身体代谢废物的排出，这也是跑步能让你感觉年轻有活力的重要原因。

> 长期坚持跑步能有效锻炼肌肉。

> 经常跑步，可以提高身体各器官的工作能力，尤其是经常参与户外跑步，能增强身体对外界环境的适应能力。

长期科学跑步下的身体积极性变化

正如"大脑越用越聪明",坚持跑步能让我们的身体保持高效的工作状态,可以让我们的身体散发青春活力。

✤ 预防疾病

跑步时,我们的身体会有多个瞬间处于腾空状态,这是非常有趣的现象。你可不要小看这个短暂的腾空,这个小小的腾空对跑者的身体是非常有益的。

跑步中的身体腾空状态

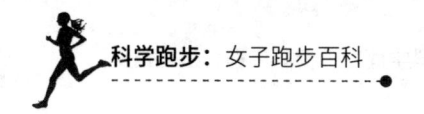

跑步过程中,当跑者的身体腾空时,跑者会接受到一个低空震动,这个震动可以激发身体血液流通的活力。

具体来说,身体短暂腾空会对跑者的血管产生物理运动影响,此时跑者的身体的血管会增加张力、减少血脂,能有效改善血液循环,有效避免心脑血管疾病。

此外,正如我们前面所提到的,跑步引起的我们身体的积极变化,都可以让我们的身体变得更加强壮,让我们的身体有了更强大的生命力来对抗外界的疾病侵害。

❀ 燃脂塑型

减肥塑型,是女性朋友们普遍关心的话题,参与跑步,可以实现燃脂塑型的运动效果。

脂肪是机体运动重要的能量来源,毫无疑问,与静止状态相比,跑步能增加我们身体的热能消耗。

健身慢跑属于有氧运动,具有良好的燃脂效果,有助于跑者消耗更多的脂肪。

在跑步运动中,跑者的全身都在参与运动,适当的跑步健身能帮你塑造出腿部修长紧实的曲线。

跑步中的身体物理震荡能让你的腹部肌肉得到有效的锻炼,坚持科学跑步,你就能拥有令人羡慕的马甲线。

为你加油

研究表明，运动时，每消耗 7 000 千卡热量，可减少 1 千克脂肪。

跑步可以让我们的身体肌肉变得更加发达，肌肉参与身体的工作，能消耗更多热量。

科学参与健身跑，可增加体内脂肪消耗，不仅有助于消除腹部和腿部的赘肉，让身体线条变得更加优美，还有助于减少由于肥胖而可能引发的一些肥胖型疾病。

为了美丽和健康，努力奔跑吧！

❀ 拓展交际

跑步不仅有助于身心健康，还能帮你拓展交际。

约三五好友一起去户外跑步，锻炼身体的同时，还能畅聊近况、增进友谊，真是非常不错的运动体验。

三五好友相约参与跑步健身

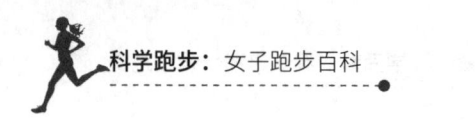

温馨提示

女性参与跑步健身，还可以加入一些线上或者线下的跑步爱好者组织。

在相约一起到户外跑步时，一定要清楚地了解对方的信息，要注意运动跑步期间的运动安全和人身安全。

最好和熟识的朋友一起相约跑步，如果是不认识的人，应慎重考虑是否应约，或者带上自己的好朋友一起应约参加跑步活动。

跑步是一种健康的生活方式

现阶段，跑步热潮极大地影响并丰富了人们的生活，尤其是在大中城市，参与跑步的人越来越多。

参与跑步，收获快乐和友情

第一章 科学面对，健康启程：爱上跑步

享受跑步，享受健康生活

无论是小区健步道，还是口袋公园、城市森林公园，无论是早晨，还是晚上，跑步的身影越来越多见。

当前，跑步已经成为很多人日常生活中必不可少的一部分。

跑步作为一种健康、积极向上的运动方式，已经融入人们的生活，并改善着许多人的生活。

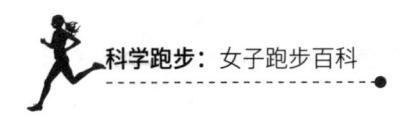

为你加油

万事开头难，当你决定要参与跑步时，一定要做好准备，尤其要做好心理准备！

虽然你已知道跑步具有帮助你消除腹部赘肉、塑造优美腿部线条等诸多益处，但是如果你仍因"担心夏日的阳光晒黑皮肤""留恋冬日温暖的被窝"而不肯迈出第一步，说明你跑步的信心还不够坚定。

你不妨试着先从短时间的跑步开始，哪怕每天只跑10分钟、20分钟。

你也可以约上好友一起跑步，相互监督与激励彼此。

开始跑步吧！任何时候开始都不算晚！

跑步前的几个困扰，还没开始就想放弃？

畅|聊|跑|步

很多女性是愿意参与跑步的，可是她们总是被一些人或事牵绊着难以迈开第一步。例如，工作太忙，没有时间；需要带娃，分身乏术；担心跑出"大象腿"；担心膝盖损伤……

你或你身边的朋友有参与跑步的顾虑吗？你是怎样看待这些顾虑的？

在参与跑步的道路上，是什么阻挡了我们前进的步伐呢？究竟是什么原因让你一直在犹豫而始终没有开始参与跑步？或者刚开始尝试跑步就难以再坚持下去了呢？

这里重点探讨几个女性跑步爱好者常见的跑步困惑。

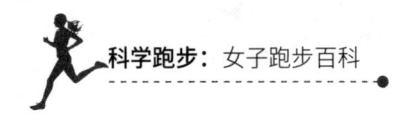

"毫无运动经验，也能参与跑步吗？"

跑步需要专业的技术吗？答案是需要。

参与跑步，应学会正确的跑步姿势，合理配速，这样可以有效降低运动损伤的发生概率，并提高运动效果。

那么，在决定跑步之前，有没有必要先去报个跑步培训班呢？倒也不必。

跑，是人类的一项基本运动技能，只要你没有跑步运动禁忌病症，都可以尝试参与跑步。

在众多体育运动项目中，跑步是一项简单易学的运动，能轻松、快速地开展起来，入门简单。

温馨提示

有以下病症者，不建议你参与跑步：
- 先天性的心脏类疾病患者。
- 近期有感冒发烧等身体不适者。
- 经常感到胸闷、胸痛、气短的人。
- 夜晚睡觉会因为呼吸不顺畅而憋醒的人。

需要特别提醒你的是，在参与跑步锻炼初期，会发生各种不适应和困扰，如跑步期间呼吸节奏紊乱、腿部肌肉酸痛、找不到合适的跑鞋等，这些问题的解决方法我们在之后的章节会详细介绍。面对这些问题和困扰都不必

过多地担忧，只要你愿意尝试开始跑步，那么你就有机会成为一个合格甚至是优秀的跑者。

> ## 为你加油
>
> 或许你会问："在上学时，参加学校的800米跑测试都勉强及格，参加跑步健身真的可以吗？"当然可以。
>
> 请一定要相信自己，正如前文所提到的，只要没有跑步禁忌病症，都是可以参与跑步运动进行健身锻炼的。
>
> 如果你觉得自己需要一些专业的指导，那么可以阅读一些专业的指导书籍。当然，你也可以请身边有经验的跑者给你一些建议。此外，一些运动类手机 App 上也会有一些跑步小技巧，并会提供一些跑步锻炼指数给你。

"听说跑步很伤膝盖，是真的吗？"

关于"跑步有损膝盖"的观点，一直存在争议，目前还没有研究和实验结果证明"跑步是诱发膝盖损伤的直接原因"。

参与任何运动都有可能会引发运动损伤，但是这并不是你拒绝参与跑步运动的"好理由"。

膝盖疼痛是跑步运动的高发运动疾病之一

我们始终强调,参与跑步运动,科学参与非常重要。

正确的跑步技术能帮助你大大降低运动中损伤的发生概率。

此外,跑步装备(服装、鞋袜等)的正确选择、跑步场地(如橡胶跑道、硬质路面)与环境的选择等,都是参与跑步过程中需要重点考虑的事项,这些在本书之后章节会详细解析。

对任何一名热爱和渴望参与跑步运动的女性来说,如果因为参加跑步而发生损伤,对身体和生活产生消极影响,是得不偿失的,但是在参与跑步之前,因过分担忧而不敢参与,也大可不必。

"跑步会跑出'大象腿'?"

有不少爱美的女性因担心"跑出大象腿"而抗拒跑步,这样的想法和做法也是不科学的。

著名跑步训练师中野·詹姆斯·修一认为，通过一般的肌肉锻炼，女性的肌肉不可能变得硬邦邦，除非你注射男性荷尔蒙！

事实上也确实如此，女性想要通过跑步，让腿部的肌肉变得粗壮从而改变身体特定部位的肌纤维，这是很困难的。

那么，究竟是什么原因会让你在接触跑步时感觉自己的腿变粗了呢？

在一段跑步运动结束之后，你身体内的血液循环会加快，呼吸会加快加深，整个身体的组织和细胞都处于非常活跃的状态。

腿部在跑步运动中的运动量是最大的，身体的血液与能量更多地汇集于此，血液中的废物也多滞留与汇集于此，因此你的腿部会因为"充血"而看上去好像变粗了。

跑步后进行拉伸

腿部在跑步后充血变粗只是暂时的,当你完成拉伸之后,你的腿部肌肉会逐渐放松,这种现象也会消失。

所以,跑步后腿部的假性肥大完全不用担心。你需要担心的是如下这种人为造成的腿部肥胖。

很多女性都是美食爱好者,运动过后,身体能量消耗过多,会产生饥饿感,这种情况下更难抵住美食的诱惑。

有些女性朋友会存在这样的侥幸心理:"我刚跑了5千米,消耗了很多卡路里,最近太想吃火锅了,运动后稍微放纵一次过下嘴瘾是没问题的。"结果就是,在跑步运动后的"放纵吃喝"导致你的体重与运动前相比只增不减——你真的长胖了一些。

无数女性跑步运动爱好者的运动实践表明,科学参与跑步,并不会跑出"大象腿",跑步只会让你的腿部肌肉更紧实,更有线条美感。

"我这个年龄适合跑步吗?"

"我这个年龄适合跑步吗?"这是很多年长的女性在被建议参与跑步运动时会经常问到的问题。

跑步运动,并非年轻人的专属运动,年长者也可以参与其中。你要做的就是注意以下几点。

第一,在参与跑步前,认真和全面地检查自己的身体,听从专业医生的建议。

第二,在参与跑步运动期间,做好医务监督。

第三,跑步过程中,如果感到任何不适,不要勉强自己,及时调整,必要时,停下来休息。

第一章　科学面对，健康启程：爱上跑步

无论是哪个年龄阶段的女性，参与跑步，都能让你受益。任何时候开始参与跑步都不算晚。

参与跑步，享受健康，没有年龄限制

科学跑步 女子跑步百科

可供你参考的跑步计划

科学跑步是一项可以让你变得更加健康的运动。那么，如何顺利迈出第一步呢？不同女性的身体状况不同、跑步目的不同，跑步计划也会因人而异。

作为初跑者，如果你想体验跑步运动能给你的身体带来怎样的感受和变化，这里有一些适用于女子初跑者的跑步计划供你参考。

针对不同年龄阶段女性的跑步健身计划推荐如下（表1-1至表1-3）。

表1-1 30岁以下女性跑步健身计划

周	运动形式	运动距离（米）	大约时间（分钟）	运动频率次数/周
1～2	走	3 000～5 000	30～50	3～5
3～4	走跑交替	3 000	25	3～5
5～6	跑	3 000	20	3～5
7～8	跑	4 000	30	3～5
9～10	走跑交替	4 500	35	3～5
11～12	跑	5 000	35	3～5

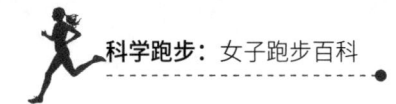

表 1-2　31～49 岁女性跑步健身计划

周	运动形式	运动距离（米）	大约时间（分钟）	运动频率次数/周
1～3	走	3 000～4 500	35～55	3～5
4～5	走跑交替	3 200	25	3～5
6～7	跑	3 200	20	3～5
8～9	走跑交替	4 000	30	3～5
10～12	跑	4 500	35	3～5

表 1-3　50～55 岁女性跑步健身计划

周	运动形式	运动距离（米）	大约时间（分钟）	运动频率次数/周
1～4	走	1 500～4 500	25～60	3～5
5～6	走跑交替	3 200	30	3～5
7～8	跑	3 200	25	3～5
9～10	走跑交替	4 000	35	3～5
11～12	走跑交替	4 500	40	3～5

注：表 1-1 至表 1-3 数据参考曹定汉，《走跑与健身》，2007 年。

这里必须强调的一点是，没有"万能"的跑步计划。

计划是对未来的"预想和安排"，你所要做的就是做好跑步的准备，在跑步前全面且认真地检查自己的身体、明确跑步的目的、做好身心准备，然后开始勇敢地迈开第一步，并在参与跑步的过程中不断适应、探索、总结，最终找到适合自己的跑步方式与方法。

另外，如果你决定参与跑步，在参与跑步期间，当遇到一些困难时，一定不能退缩不前，而是应该尝试去克服这些困难，只有持之以恒，坚持跑步，才能看到变化，才能遇见更健康、更美的自己。

温馨提示

跑步健身有没有最佳时间呢？当然有，以下几个时间段是比较好的跑步时间段选择。

- 晚餐前两小时。
- 饭后一小时。

选择上述两个时间段，可以有效减轻肠胃负担，同时也能保证身体有足够的能量为你参与跑步运动供能。

科学跑步

女子跑步百科

CHAPTER 2

第 二 章

万事俱备，优雅开跑：
跑步前要做哪些准备

从前文中了解了跑步益处多多，解决了对跑步运动产生的一些困惑，接下来，是不是就可以迈开腿，开启奔跑的第一步了呢？

别着急，你还需要做些准备，比如一套运动服、电子手表、防晒用品，以及心理准备。

从衣服到鞋帽，从电子装备到运动App，女性跑步的装备可不是随便准备一下就行的，这些装备要适合自己，要实用、耐用、舒适……这是你优雅开跑的重要前提。接下来，就一起去看看跑步前要做的准备吧！

选择适合自己的跑鞋

畅│聊│跑│步

参加跑步，怎么能少得了一双舒适、耐用的跑鞋呢！说到这里，你是不是已经跃跃欲试，准备在商场的镜子前试穿跑鞋，顺便秀一下自己的美腿了呢？

但是你知道吗，跑鞋与平时穿的鞋是有区别的，漂亮的外观并不能为你的跑步运动"加分"，反而可能还会对跑步运动的顺利进行造成阻碍。那么，你知道究竟该如何选择自己的跑鞋吗？

了解跑鞋

在挑选跑鞋之前，你必须要对跑鞋有一个大致的了解。

一般来说，根据鞋子构成，可以将跑鞋分成几个部分。跑鞋主要包括鞋

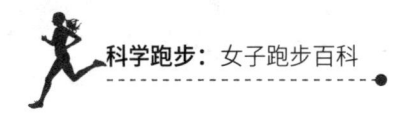

面、鞋头、鞋头翘度、鞋带、鞋跟、鞋底等关键部位。

一双跑鞋的基本构成

鞋面——鞋面的范围包括从鞋顶到两侧部位。

现在市面上很多跑鞋的鞋面都是由有网眼的化纤织物做成的，这样有利于透气，也解决了很多女性担心跑步后足部异味这一令人尴尬的困扰。

鞋头——鞋头在鞋子的前端，覆盖并保护脚趾。

很多女性在初次挑选跑鞋时都不知道该如何选择尺码，其实鞋头就是一个很好的参考点。当你穿上跑鞋，如果鞋头最前端的位置离你的脚趾大约保持一个大拇指的距离，那么就说明这双跑鞋的大小是适合你的。

鞋头翘度——鞋头翘度指的是跑鞋前端设计的向上的弧度。

爱美的女性可别以为跑鞋上的这种设计只是为了好看，其实鞋头翘度的设计更多的是为了适应人体的特点，有利于提高人们在奔跑时前进的动力。

鞋带——鞋带是传统跑鞋的必备要素，但是现在很多跑鞋都会以尼龙搭扣来代替鞋带。

跑步前，检查并系好自己的跑鞋鞋带

初学跑步的女性可能会因担心鞋带在中途松散，影响自己的运动而考虑

选择没有鞋带的跑鞋。而事实上，系鞋带的跑鞋也是有优点的，它可以让鞋子更容易合脚，这也是为什么大部分跑步运动员都选择这种跑鞋的原因。

相较于平时穿的鞋子，跑鞋的鞋跟更加坚固，而且支撑力更强，可以牢固地包裹住你的脚跟。

跑鞋鞋底的制作材料一般都是坚硬的橡胶，为了增加鞋底与地面接触时的摩擦力，鞋底通常会有各种样式不一的底纹。

跑鞋的底纹设计，其实还有另一个用途，那就是：当你发现底纹几乎看不见了的时候，那就说明你的跑鞋已经被磨损得差不多了，是时候换一双新跑鞋了。

款式丰富的跑鞋

在所有的跑步装备中，跑鞋无疑是最重要的装备之一，因此需要我们花费时间与精力去精挑细选。

随着人们对跑鞋的需求不断增加，市面出现了各种款式五花八门的跑鞋，令很多跑者尤其是女性跑者犯了"选择困难症"。

第二章　万事俱备，优雅开跑：跑步前要做哪些准备

不同款式的跑鞋

款式丰富、外观漂亮的不同跑鞋，难免会令人眼花缭乱。

无论你选择什么款式的跑鞋，一定要记得你挑选跑鞋的初衷，那就是安全、舒适、耐用，一定要避免选择"华而不实"的跑鞋。

怎样挑选适合自己的跑鞋呢？

对于跑者尤其是初跑者来说，选择一双合适的跑鞋是非常重要的，这不仅能帮助你更好地进行跑步运动，而且能有效避免在跑步时遇到的损伤，呵护你的双足。

那么，你该如何挑选适合自己的跑鞋呢？

在商场挑选跑鞋的女性

❖ 去专业运动商店咨询

作为初跑者，你在选择跑鞋时，可能更多地去关注跑鞋的品牌或者款式，比如去关注那些品牌名气大，或者是新上市的潮流"酷"鞋，很可能买到贵但并不适合自己的跑鞋。

去专业运动商店里选购跑鞋是非常不错的选择。

一般来说，在专业的运动商店里，不仅有高品质的运动跑鞋，更重要的是，那里的店员通常都是受过专业的运动用品培训的，甚至有很多店员自己就是资深的跑步爱好者，因此可以给你提供很多专业的参考意见。

在专业的运动商店中，你可以向店员咨询关于适合自己的跑鞋的面料、款式、重量、大小等，甚至有时候可能还没等你先开口说出自己对跑鞋的相关需求，有经验的店员就可以从你的走路姿势及鞋底的磨损状况判断出你平时跑步的姿势和双脚在跑步时的着力点等信息，从而为你推荐一些适合你跑步习惯的跑鞋。

❖ 确定你的跑鞋的大小和重量

在选择跑鞋时，很多人面临的第一个问题就是跑鞋的大小该如何选。其实，你也不需要太过纠结这个问题。

一方面，你可以参考前文介绍的根据鞋头与脚趾的距离来决定你应该选择什么大小的跑鞋。

另一方面，根据平常穿鞋的习惯，试一试你觉得合适的尺码的跑鞋，并在鞋店来回跑几圈（一般都允许试跑），感受一下自己穿着它跑步是不是合脚。

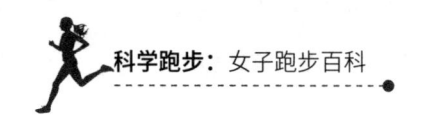

温馨提示

要想挑选到大小合适的跑鞋，你最好是下午去买。

因为人的足弓高度在下午时会下降，这就导致双脚会相应地变长。不仅如此，事实上在跑步的过程中，脚也会随着温度的上升而有所膨胀。

如果你在上午就出门去买跑鞋的话，即便当时穿着合脚，等到下午时，随着足部温度的上升，跑鞋就会显得有些挤脚甚至磨脚了。

如果你不确定自己挑选的跑鞋是否过窄，你可以将里面的鞋垫取出来，脚放在鞋垫上比一比。如果脚超出了鞋垫的边缘部分，那么很明显，这双跑鞋对你来说就太窄了。

除了尺码大小，挑选跑鞋还需要考虑鞋子的重量。

女性的跑鞋比男性的要轻一些，一般是230克，有的甚至更轻，你可以根据专业运动商店店员的建议，选择符合自己身体负荷状况的跑鞋。

❖ 试试不同品牌的跑鞋

与其他普通鞋子一样，很多女性在购买跑鞋时可能只关注自己感兴趣的那几个品牌，对于其他品牌则完全不纳入考虑范围之内。

事实上，每一个品牌的跑鞋都有其固定的适用人群类型，那些你觉得知名度高或是品质有保障、专业过硬的品牌，也许并不一定就适合你。如果你过于注重跑鞋的品牌而忽视了其实用性，那么你可能就要错失与真正适合你的跑鞋邂逅的机会了。

因此，在挑选跑鞋时，你可以多试试不同品牌的跑鞋。要相信，没有最好的，只有最适合你的，永远都不要以品牌或者价格来衡量一双跑鞋。

科学跑步

女子跑步百科

选择一套运动服

畅|聊|跑|步

跑步时,你会选择什么样的服装呢?是一套普通的运动服,还是自己搭配一套既能使自己看起来优雅大方,又适合户外活动的休闲套装呢?

一套质量良好的跑步运动服不仅可以帮助你适应长时间的跑步锻炼,而且还能有效地提高你在跑步时的舒适度,减少在跑步时受伤情况的发生,使你能够更好地享受跑步带来的乐趣。

那么,面对不同材质、款式的运动服,你又该如何挑选呢?

根据材质来选择运动服

目前,市面上的运动服材质主要有两大类,即棉纤维与轻型聚酯纤维,这两类材质各有特色,你可以结合自己的需求进行选择。

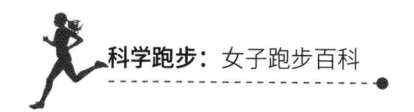

棉质运动服

现在市面上的T恤衫大多是纯棉制造的,所以很多女性在选择运动服时,也偏向于选择这种材质的。

实际上,当你的身体处于干燥状态时,棉质运动服的确会让你觉得很舒服,然而它的缺点是吸水量很大。

穿着棉质运动服跑步时,随着跑步的进行,身体大量出汗,棉质运动服会由于吸水而变得越来越重,并紧贴着你的身体,使你感觉"身上黏黏的",非常不舒服。

大汗淋漓的跑者

我们都知道,出汗是身体的一个重要的体温调节机制,当汗液蒸发时,人的体温也会随之降低。而这种棉质运动服的吸汗功能会使得身体的体温调

节机制不能像平常一样正常进行，这就导致你在跑步的过程中会觉得越来越热，从而出大量的汗，很容易引起感冒。

❋ 轻型聚酯纤维运动服

现在很多专业的运动服都是采用轻型聚酯纤维制造的，这种运动服有其明显的优点。

轻型聚酯纤维运动服能够做到尽可能少地吸收水分，使你在跑步时流下的汗液能够更快地被蒸发掉，减缓体温的上升。

专业的运动服能让你尽情享受跑步的乐趣

也许有人会问了，这种材质的运动服是不是穿起来没有棉质的那么舒服呢？

别担心，作为纺织品，轻型聚酯纤维材质的服装穿起来也有很高的舒适度，非常适合跑步运动。

如果你对运动服的舒适度要求非常高，那么你还可以选择一种功能性单面绒的轻型聚酯纤维运动服，这种类型的运动服不仅摸起来十分柔软，而且重量也非常轻，很受现在许多女性跑者的青睐。

不同季节的着装选择

不同的季节气温不同，因此你需要为自己选择厚度适宜的运动服。

在春秋两个季节进行跑步时，你只需要在冬季/夏季着装的基础上适量减/增一些衣服就可以了，因此应重点了解冬季与夏季的着装选择。

冬季着装

冬天跑步时应该选择什么样的着装呢？

如果天气还不是太冷，你可以只穿一套长袖的运动套装，外加一件挡风的外套。

如果是寒冷的天气，那么你就需要在运动套装外再加上一件保暖的上衣（或马甲）和一条保暖的裤子，再套上外套。

第二章 万事俱备,优雅开跑:跑步前要做哪些准备

选择正确的着装,冬天跑步也可以很快乐

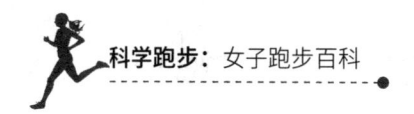

温馨提示

冬天虽然比较冷，但是你也不要穿太多衣服去跑步。

一般情况下，我们在开始跑步 10 分钟后，身体的体温就会逐渐升高。如果你穿得太厚，过不了多久就会觉得热了，这时候你又要将厚厚的衣服脱下来，或者拿在手上，或者绑在身上，这难免会对你的活动造成一定的干扰。

穿得太厚，在跑步的后半程会增加跑步负担

夏季着装

夏季跑步的着装比冬季简单得多。

上衣选择上,你可以选择只穿一件短袖(或无袖)运动 T 恤,也可以在外面再加上一件网眼衬衫。

裤子方面,可以选择专门的运动短裤,也可以穿上适用于跑步锻炼的轻质长裤。

清凉的夏季跑步着装

科学跑步 女子跑步百科

运动内衣怎么选？

畅|聊|跑|步

作为女性跑者，你怎么能没有一件舒适的运动内衣呢！你很有必要为自己准备一套或几套专门用来跑步的运动内衣。

如果没有，那么你是不是以为随便一件内衣都能被我们穿出去跑步呢？要是这样想的话，那你可就错了！

事实上，运动内衣是女性跑步装备中最重要却又最容易被忽视的装备。你知道该如何挑选一件适合自己的运动内衣吗？

运动内衣的重要性

为什么需要准备一件专门用来跑步的运动内衣呢？

正常情况下，运动内衣不仅能减轻你在跑步时胸部所产生的颠簸，还可以帮助吸收你身上尤其是胸部的汗，这能够有效地减少皮肤发炎情况的发生。

科学跑步：女子跑步百科

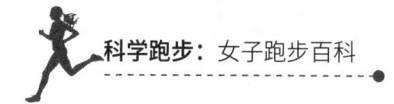

挑选适合自己的运动内衣

在炎热的天气，运动内衣成为女性独有的运动服

运动内衣可以减少女性因跑步而产生的胸部不适，减少女性的跑步困扰。

此外，现在市面上有很多专为运动女性设计的运动内衣，它们既实用又美观，如果天气炎热，还可以直接穿在外面，非常方便。

根据身材选择运动内衣

挑选内衣，不同身材或者体型的女性有不同的选择。

如果你的胸部比较丰满，请选择那种"密封式"内衣，这种内衣可以让你的乳房能够在两个单独的罩杯里获得支撑。有的运动内衣还另外设计了内置铁丝，可以起到额外的支撑作用。

如果是胸部稍小的女性，则可以选择"压缩式"内衣，它可以让你在跑步时更加轻松。

身着运动内衣跑步的女性，魅力十足

为你加油

购买运动内衣时，必须亲自试穿，同时还要注意以下一些事项：

- 要选择能够排出湿气，吸汗速干的内衣，所以不能购买不容易干燥的棉质内衣，而应该选择人工合成材质的。

- 内衣的接缝处必须是平整且光滑的，因为女性胸部的皮肤非常柔嫩，如果接缝处有凸起的地方，很容易磨损肌肤。当然，如果可以的话，你也可以选择购买接缝处在外层的内衣。

- 内衣要刚好紧身，但是切忌过紧，以免让你感到窒息。你可以试试做弹跳运动，如果胸部感觉很舒适且不会随着你身体的跳动而晃动，那么就说明这件内衣是适合你的。

电子装备与跑步 App

畅|聊|跑|步

除了衣服和鞋子,为了能够更好地进行跑步,你还会置办些什么物品呢?跑步时,你会带上什么电子装备呢?

你知道吗,一款好的跑步 App,不仅能够帮助我们长时间地将跑步这一运动坚持下去,还能为我们的跑步旅程增加很多乐趣。你的手机里装着什么跑步 App 呢?

心率测试仪

一般来说,心率测试仪都是由两部分组成的:一条能够佩戴在胸前的束带和一个外观与手表极为相似的显示器。

科学跑步：女子跑步百科

心率测试仪

那么，这种心率测试仪究竟对你的跑步运动有什么帮助呢？

简单来说，心率测试仪可以测试出你在跑步过程中的心率变化。你可以在心率测试仪中设置心率数值的上限和下限，当它检测到你在跑步时的心率数值低于下限或者超过上限，即跑步速度过慢或者过快时，就会马上发出警报声，提醒你注意调整跑步速度。

多功能心率检测仪可随时查看心率，并给予你配速提示

除此之外，心率测试仪还可以测试出你每天跑步的运动强度和运动模式，分析出你的身体健康状态，从而为你制订适合自身体能的最佳运动模式方案。

温馨提示

现在市面上的心率测试仪在功能和款式上都令人应接不暇，需要提醒你的是，在购买心率测试仪时，首先考虑的应当是挑选自己需要的功能，要知道，能够测试心率才是我们选择这种装备的出发点。在这个基础上，你还可以根据自己的审美喜好去挑选颜色和款式都能够吸引你的心率测试仪。

运动手表 / 智能手表

其实绝大多数心率测试仪都具备了手表的计时功能，但是如果你还想有一个拥有倒计时功能的电子设备，或者说你想在跑步的过程中更精确地记录各种时间，那么你就需要一块运动手表或者智能手表了。

先来说说运动手表。

相较于智能手表，运动手表的按钮更少、更容易使用，在跑步的过程中你不用专门停下来摆弄各种复杂的功能选项按钮，可以自由自在地按照既定时间和路程持续你的跑步运动。

除了用来跑步，款式新颖、外观亮丽的运动手表，即使在不跑步的日常生活中佩戴，也是非常合适的。

科学跑步：女子跑步百科

戴上你的运动手表，随时检测、畅快奔跑

当然，对于很多追求时尚与科技潮流的女性来说，她们可能更想拥有一款当下流行的智能手表。

功能强大的智能手表

智能手表可以说是完美地结合了心率测试仪和运动手表两大运动电子装备的优点，它既可以用来测试我们的心率，又可以用来计时，有的还有许多其他功能，比如自动测试你的跑步速度、跑步里程、卡路里，以及 GPS 定位等。

如果你喜欢功能较多、携带轻便的电子装备，智能手表绝对是一个很棒的选择。

手机

在配置跑步的电子装备时，手机当然是必不可少的。

手机具备的功能与智能手表相似。如果你喜欢在跑步的过程中同时享受美妙的音乐，或者是各种能够帮助你打发漫长的跑步时间的评书、相声等娱乐节目，那么你就可以选择在跑步时带上一部手机。

当然，你可以不用一直将手机握在手里。现在市面上有专门为跑者设计的手机臂包，戴上它，你就可以尽情享受有手机陪伴的跑步时光了！

带上手机，快乐跑步

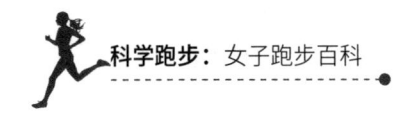

跑步 App

带上手机去跑步之前，你有没有在手机上下载过相关的跑步 App 呢？你是否了解过，跑步 App 对跑步运动有什么作用呢？

一般来说，跑步 App 的基本功能是为人们记录并分析跑步时的运动轨迹、心率数据、卡路里消耗等。同时，针对你在不同时间段的跑步状况，它还可以为你量身制订适合我们不同时间跑步的计划。

另外，有的 App 还可以设置各种跑步模式来适应不同形式的跑步运动，比如自由跑、训练跑、健康跑、减脂跑等，你可以选择一种属于你的跑步模式。

不要忽视防晒

畅|聊|跑|步

跑步时,你会注意防晒吗?

作为女性,保持肌肤的健康、美丽,当然是非常重要的,即使是在高强度的跑步运动中,也依然不能忽视对肌肤的保护。

如果你经常在户外进行跑步运动,那么毫无疑问,防晒就是你首先要做好的一件事。

关于防晒,你有没有什么小妙招呢?

戴上太阳镜

有的女性每次出门跑步时,都会选择戴上一副太阳镜,但是也有一些女性觉得戴着太阳镜去跑步很不自然。

如果你担心戴着太阳镜去跑步会显得有些夸张,那么最好放下这些顾虑,因为每次在户外跑步时都戴上太阳镜,这是眼部防晒的最简单也是最有效的措施。

为你加油

太阳镜不仅有防晒的功能,而且还可以为你挡住风沙和灰尘,使眼睛免受伤害。

如果你是一名爱美的女性,那就更要戴上太阳镜了,它不仅可以让你的眼睛不会因强光照射而失去光彩,而且可以避免你在阳光下眯眼而导致的眼周皱纹。放下顾虑,努力奔跑吧,让你的身体保持青春活力!

专门的运动太阳镜是跑步时佩戴眼镜的最佳选择,因为这种眼镜一般都有100%抵抗长波紫外线和中波紫外线的功能,而且能有效地阻挡阳光从侧面漏进来,是眼部防晒的绝佳选择。

温馨提示

选择运动太阳镜时,需要注意些什么呢?

- 要选择镜片较大的太阳镜,它可以为你阻挡更多的光线。
- 如果你的脸部比较容易出汗,建议购买带有防滑鼻垫的那种。
- 尽量挑选轻巧型的太阳镜,这样你的耳朵和鼻子都会更轻松一些。
- 根据你的跑步场所的环境来选择镜片,如果你经常在有树荫的路上跑步,那么明亮的镜片可以帮助你更好地看清地面;如果你偏爱于奔跑在开阔明亮的地方,那么可阻挡强光的镜片会更适合你。

涂好防晒霜

户外跑步，怎么能少得了防晒霜呢？

你要知道，即使是阴天，紫外线依然存在，因此只要出门跑步，就应该涂好防晒霜，做好预防紫外线措施。

如果肌肤长时间暴露在阳光下，不仅会使肌肤产生皱纹，而且可能导致恶性黑色素瘤即皮肤癌。

与运动太阳镜一样，防晒霜也具有抵挡长波及中波紫外线伤害的作用。另外，防晒霜还要能够防水，以保证它不会因为你在跑步时大量出汗而滑落。

防晒霜的防晒系数应该大于或者等于15，对于跑步锻炼的人群来说，这是较为理想的防晒系数，可以起到很好的防晒效果。

注意防晒，健康跑步

科学跑步

女子跑步百科

跑步前的心理准备

畅|聊|跑|步

跑步是一项需要长期坚持的运动,在开跑之前,你是否已经做好心理准备了呢?你为何迟迟没有开始跑步,你在担心些什么呢?

相信自己

在开始跑步之前,你可能会有很多这样或者那样的顾虑。

你可能担心跑步太辛苦,自己无法长期坚持下去。

是啊,跑步运动说到底是一场精神毅力与身体耐力的博弈,的确有很多人因无法忍受这一过程中产生的身体上的疲惫或是没能战胜自己在精神上的懒怠而最终放弃了跑步。

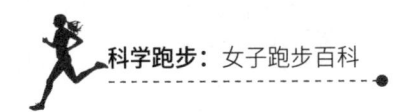

但是同时你要看到，也有很多从未放弃过这项运动的女性朋友，她们勇敢面对跑步过程中所遇到的各种困难，通过与身边的跑友交流来调整自己的跑步模式和跑步心态，然后在新的一天依然充满活力地继续奔跑。

诚然，当代很多女性都面临着家庭与工作的双重压力，以致她们总是不能给自己留下太多进行跑步运动或其他休闲活动的时间。

享受跑步，享受生活

抛下顾虑，优雅开跑

但是你应该认识到，无论你正处于人生的哪一阶段，扮演着何种家庭及社会角色，你都应该给自己留下一些独处的时间，去跑步，或者去做其他一切你想做的事情。

越奔跑，越美好

如果你每天的时间安排得实在是太紧，那么你也可以在跑步 App 的帮助下，尝试各种不同模式的短距离跑步运动，然后挑选其中适合你的一两种模式坚持下去。或者你也可以在家里置办一台跑步机，合理利用零散时间。

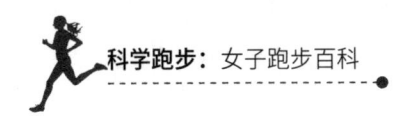

记住，最重要的是去跑，去感受跑步带给你的快感，而不必对自己跑步的时间有过多的要求与限制。

总之，无论你在跑步前有什么顾虑，都不必太过纠结于此，在跑步的过程中，你都会慢慢找到解决问题的方法。你现在要做的，就是戴上你的跑步装备，迈开双腿，优雅开跑！

CHAPTER 3

第 三 章

姿势标准,技术正确:
跑道上的美丽倩影

当你在路上享受奔跑时，你有注意过别人的跑姿吗？

身边路过的那些女性跑者，她们的飒爽英姿是否令你印象深刻？

你想不想像她们一样姿态优美，步伐矫健，跑起步来轻快自然？

这需要你做到跑步姿势标准，跑步技术正确，二者缺一不可。下面就让我们一起来探寻一下具体的跑步技术吧。

必要的跑步热身

畅|聊|跑|步

在开始跑步时,你是直接进入正题,放开双脚就开始跑,还是会在一旁默默进行热身活动之后才开始跑步呢?

经过热身活动之后,跑起步来会变得比较轻松,你知道这是为什么吗?你知道的热身动作有哪些?

跑步热身的必要性

跑步前的热身活动并不是可有可无的,它是跑步的组成部分,不可或缺。为什么这么说呢?

热身活动是一个信号,它告诉身体的各部位:不要再那么安静了,可以活跃起来了,要准备跑步啦!

进行热身活动的女性

热身的目的是更好地唤醒我们身体的各部位和各器官,让它们在最舒服的状态下协调工作,避免身体损伤。

- 血液循环舒畅
- 提高柔韧性
- 避免扭伤拉伤
- 提高心率

热身活动的益处

通过热身活动，跑者腿部的血管会发生膨胀，可以提供充足的氧气；可以提高身体柔韧性，增强身体的力量；也能避免在跑步过程中出现肌肉拉伤和关节扭伤的情况；还可以提高心率，减少心脏压力等。

对于一次完整的跑步来说，热身活动只是一个"开胃菜"，重点在后面的跑步。

正式跑步前的热身时间不宜过长，一般控制在10～20分钟为宜。

冬天进行跑步运动，最好用5～10分钟的慢跑运动来提高体温，促进身体的血液循环。

跑步热身中的伸展

在热身活动中，对跑步过程中需要参与运动的身体部位，可以有针对性地进行伸展训练。

那么，在跑步前的热身中，你需要重点关注和伸展身体的哪些部位呢？具体应该怎样做呢？下面进行简单介绍。

腰部

想要伸展腰部肌肉，可以做体前屈伸运动，该运动不限制场地，随时随地都能开始。每个人的柔韧性不同，所能达到的程度也不相同。

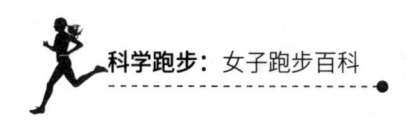

自然站立，两脚分开与肩同宽，躯干慢慢向前屈直至双手下垂到脚尖（你可以下垂的最大程度），坚持半分钟左右，然后复原。

伸展腰部动作

♣ 髋部

在很多运动中，都需要伸展髋部肌肉，跑步运动亦是如此。

弓背压腿的动作能有效伸展髋部肌肉，是你在跑步热身中伸展髋部的不错选择。

两腿前后分开，身体重心缓慢下压，直至感觉肌肉紧张，然后还原，在这个过程中，躯干不能弯曲。

伸展髋部动作

♣ 大腿

伸展大腿和膝部的动作和方法有很多，这里介绍几种比较简单易操作的方法，可以让你随时开启热身活动。

第三章　姿势标准，技术正确：跑道上的美丽倩影

> 左手扶住一个固定物以保持平衡，单脚站立，一只手抓住同侧的脚背，脚用力将手尽量向后撑，直至不能再向后停止，坚持一会儿将脚收回。换脚做相同动作。

伸展大腿和膝盖动作

如果有同伴跟你一起跑步，你也可以和同伴相互支撑，伸展大腿和膝盖。在和同伴互动的过程中，可以互相加油鼓气，让热身活动变得有趣。

腰背挺直

抓住同侧脚向后撑

反复多次换脚进行

伸展大腿和膝部肌肉

083

如果要伸展大腿后部肌肉，可以坐在地上，将要伸展的腿在体前伸直，另外一条腿弯曲，和伸直的腿组成一个三角形。

弯曲身体，双手尽量去抓伸直的脚尖，直至感觉肌肉被伸展，保持适当时间。但是要注意背部一直是挺直的状态，动作要缓慢。

伸展大腿后部肌肉动作

在跑步过程中，大腿发挥着很重要的作用。伸展时，不要忘记伸展大腿内侧的肌肉。

坐在地上，双脚的脚底相互贴近，双手抓住双脚的脚踝，膝盖和地面尽量靠拢，直至感到大腿内侧的肌肉有伸展感。保持该姿势适当时间，然后放松。

坐在地上，双脚伸直并分开，向前屈体，双手从双腿的内侧抓住脚踝，直至感觉大腿内侧被伸展停止，保持这个姿势。在这个过程中，注意背部和膝盖不能弯曲，保持挺直状态。

伸展大腿内侧肌肉动作

✤ 小腿和跟腱

在跑步过程中，小腿和跟腱承担着很重要的作用，对它们的伸展也要引起重视。

> 在距离墙壁1米左右处站立，面对墙壁，双臂前伸和肩同宽，靠在墙壁上，提起脚，再放下。反复多次。

伸展小腿和跟腱动作

> 俯下身体，一条腿伸直、脚尖着地，另外一条腿放在体前放松。伸直的腿的脚跟向后、向下用力，维持适当时间，重复练习多次。

伸展小腿后部肌肉动作

在伸展小腿时，你会感受到小腿后部肌肉被拉紧。当一条小腿被重复伸展几次之后，可以换腿进行伸展。

腿伸直

脚后跟
向后压

脚尖着地

伸展小腿后部肌肉

❋ 脚跟和脚趾

你可能会有所疑问，脚跟和脚趾也能伸展？答案是肯定的，伸展脚跟和脚趾可以让跑步过程更加放松。

> 跪在地上，使臀部靠近脚后跟，向下压，直到脚前掌感受到足够拉力，抬起臀部重复该操作。

伸展脚跟和脚趾动作

在伸展脚跟和脚趾的过程中，你要注意让上身一直保持直立的状态，向下压的动作要缓慢，有节奏。

温馨提示

跑步热身很有必要，但没有必要每种热身动作都尝试一遍，选择自己感觉最舒服的一种即可。在热身活动中，需要遵守以下几个原则：

- 为了让身体的肌肉得到最大限度的激活，热身活动不得低于10分钟，夏季气温较高时可以适当缩短。
- 强度不高的训练可以不必进行热身活动，在跑步过程中逐渐提升跑步速度，也可以起到热身的作用。
- 热身后休息不能超过30秒，否则，心率会降低，热身的效果会大大减弱。

科学跑步 女子跑步百科

坚持正确跑姿

坚持正确跑姿的必要性

同样一段路程，有的人跑起来气喘吁吁，看着十分费力，而有的人轻轻松松就跑完全程，两种状态之间差的仅仅是体力吗？其实不然，这和跑步姿势也有着密切的关系。

正确跑姿让你跑得更轻松

坚持正确的跑步姿势可以在跑步过程中节省体力,实现身体的轻松协调,让你跑得更远、更快,实现以最少的体力跑最远的距离。

正确跑姿的各部位动作

> **畅|聊|跑|步**
>
> 在跑步过程中,手臂配合腿部不断摆动,手臂的动作属于辅助动作吗?如果缺少这些辅助动作,你还能顺利跑步吗?在跑步时,手臂动作和腿部动作的姿势是什么样的呢?

♣ 手臂动作

想一想,你跑步时的动作姿势是什么?手臂的姿势是什么样的呢?正确的手臂动作如下。

> 双手握拳,但不要紧握,保持放松。
> 肘关节前后自然摆动,弯曲角度以自己感到舒适为主,角度保持不变以减低耗能,双肘贴近身体两侧。
> 在摆臂时,肩膀保持固定,平正自然。

跑步手臂动作姿势

跑步时，上身要保持正直或稍微向前倾，头部自然，平视前方。初跑者刚开始跑步时速度不宜过快，保持在可以说话的速度即可。

下巴微微朝上

身体稍前倾

手肘弯曲自己舒适的角度

肩部放松自然

微微踮脚

小碎步往下压

保持在可以说话的速度

慢跑的女性

腿部动作

在跑步时，双腿可以分为摆动腿和支撑腿，跑步过程可以分为蹬地、腾空、着地三个过程，这三个过程中，双腿的姿势不同，但需要有序衔接。

摆动腿向前摆动时，小腿保持放松，如果跑步距离比较远，可以适当降低大腿抬起的高度。

蹬地瞬间，支撑腿伸展髋关节、膝关节和踝关节，借助前脚掌蹬离地面。

蹬地结束后，支撑腿伸直，摆动腿的小腿在空中和支撑腿几乎平行。

蹬地过程双腿姿势

支撑腿的小腿在空中快速向大腿靠拢，折叠，前摆。

摆动腿的小腿向下压，向下伸展，准备着地。注意保持膝关节的放松。

腾空过程双腿姿势

摆动腿在合适位置着地，一般跨步不要太大，可以选择距离身体重心投影点一脚长的位置。

当摆动腿着地后，经过弯曲缓冲，变为支撑腿，重复蹬地过程即可。

着地过程双腿姿势

为你加油

了解了正确的跑姿之后,你是不是跃跃欲试,想要尽快跑动起来呢?别着急,注意以下要求,你的姿势会更加优美流畅。

- 跑步时全身的肌肉要放松,肌肉过于紧绷的话,会让你整体的姿势看起来僵硬不协调。
- 头、躯干和脚的着力点要在一条直线上,千万不能弯腰驼背,那只会加速你的疲劳。
- 不要大跨步向前跑。缩小步幅既安全,又省力,何乐而不为呢?

以上几点应在保持正确姿势的基础上尽量做到,相信你一定可以做到!

科学跑步

女子跑步百科

学习科学的跑步技术

掌握正确的跑步姿势之后，还需要掌握一定的跑步技术。

跑步需要讲究技术，你知道怎样才能在跑步过程中避免损伤吗？只有兼顾效率和速度，才能让跑步变得更加轻松自然。

比较省力的跑步技术要点

怎样跑步比较省力呢？可以借助身体的重力，让身体自由向前落下，这样可以节省一部分体力。

和站立时相比，跑步时人的重心会发生前倾，此时就有了向前的重力分力，可以利用这个力，只拉，不推蹬，巧妙借力。

那么，什么时候应该借助这个力呢？具体来说，就是在转换支撑点时，拉起你的脚掌，将脚踝直接向臀部方向拉起。

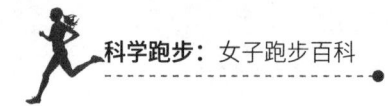

转换支撑点时，向臀部方向拉脚踝

跑步时腿的合理摆动

当摆动腿的脚掌落地之后，其重心会在某一瞬间前移，因为惯性，身体会持续向前，此时，你只需让脚掌重新回到臀部下方，就可以避免对抗惯性。

跑步省力的秘诀是：当你的支撑腿的脚掌离开地面之后，不是向后推蹬，而是把脚踝向臀部的方向拉起。

跑速较快的跑步技术要点

如何才能跑得更快？相信很多人都有自己的秘诀。但你知道如何在较少地消耗体能的情况下跑得更快吗？答案就是"利用好自身重力"。

你在跑步时有没有这样的体验：当身体重心越往前倾时，你的脚步会不受控制地加快，每一步之间的距离也变得更长。

这是因为当你的身体前倾时，身体重心有所改变，有了水平方向的分力，自然会产生一定的加速度，让你越跑越快。

重心前倾水平方向会有重力分力的存在

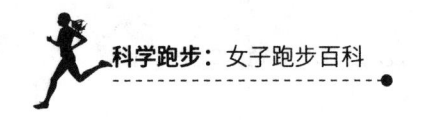

一般情况下，跑步时你的身体前倾角度越大，加速度会越快。因此，在省力的前提下，加速的关键是臀部前倾，而不是推蹬地面。

> 身体做好平稳的支撑之后，再在重力的作用下让身体自然向前落下，落下角度越大，前进速度越快。
>
> 腿部肌肉会帮你将垂直的重力转换成前进的动力。

利用重力进行加速的关键

为你加油

了解了跑步的技术之后，是不是感觉跑步远比自己想象的要有趣得多？跑步也需要讲究技巧，应用这些技巧，可以帮你节省体力，更快更好地锻炼自己。这些技巧如下：

- 前脚掌着地的跑法可以有效利用人身体的肌肉群，熟悉跑步之后，可以适时变换跑法。
- 跑步时，要"拉起"，不要"推蹬"，这样可以省下不少体力。
- 上拉动作时尽量不要抬膝，可以抬脚掌和小腿。
- 巧妙利用自身的重力，实现加速度，跑得更快。

简单有趣的跑步技巧你学会了吗？快行动起来吧！

第三章　姿势标准，技术正确：跑道上的美丽倩影

不容易受伤的跑步方法

你跑步时习惯脚的什么部位先着地，前脚掌还是脚后跟？有没有尝试过其他部位先着地？不妨现在来试试，跑个几百米，感受一下，看看哪种方法对脚的负担比较大？

脚后跟着地的跑法

初学者适合用脚后跟着地的跑步方法（跑法），这样的跑法可以帮助跑者有效减少肌肉的损伤，但容易犯一个错误，那就是跨步过大。

跨步过大会给初跑者带来什么样的伤害呢？

跨步增大之后，由于用脚后跟着地，此时，身体重心在落地点的后面，会对膝盖造成损伤。

因此，初跑者在跑步时跨步不宜太大。

脚后跟着地对肌肉的负担小，比较轻松。但轻松并不一定是好事，这意味着小腿中的某些肌肉群你没有锻炼到；而且脚后跟着地时所受的地面的冲击力比较大，时间过长就会对关节造成损伤。

脚后跟着地跑法的优缺点

如果使用前脚掌着地的跑法又会怎样呢？能不能减小伤害呢？对于有一定跑步训练基础的跑者来说，采用前脚掌着地益处多多。

前脚掌着地的跑法

前脚掌着地可以有效锻炼腿部的肌肉群，对地面的冲击力比较小，比较省力。

> 前脚掌着地对肌肉的负担比较大，尤其是小腿和脚掌。但费力不一定是坏事，前脚掌着地对地面的冲击力比较小，能降低关节和运动骨骼损伤的风险；能有效锻炼肌肉的耐力；触地时间较短，比较省力。

前脚掌着地跑法的优缺点

尽管前脚掌着地的跑法有诸多优点，但对于初跑者而言，还是不建议使用这种跑法。

初跑者的肌肉力量不足，甚至有些肌肉之前从没得到刺激，无法承担落地时的冲击，因此只有当你有了一定的跑步经验和跑步体能、技术基础后，再转换跑法，才能取得理想的锻炼效果。

温馨提示

如果你想尝试前脚掌着地的跑法，一定要注意前脚掌着地和踮脚跑完全不同。前脚掌跑法是指脚的前掌先着地，接着是脚的中部着地，然后是脚掌后缘着地。

这个过程甚至不足100毫秒，当你跑步速度比较快时，脚掌后缘一点地就会离开，所以眼睛看过去，感觉是在踮脚跑，但实际完全不是。不然，你可以试试踮脚跑，你就会发现踮脚跑是多么困难的一件事情。

科学跑步 女子跑步百科

从初跑者成长为专业跑者

畅|聊|跑|步

你的身边有专业跑者吗?他们为什么被称为专业跑者?是跑步技巧高超,跑步距离远,还是坚持每天跑步?

你想成为专业跑者吗?你知道该如何达到这个目标吗?

初跑者和专业跑者的区别

如果让一名初跑者去参加长跑比赛,不仅是强人所难,而且会危害初跑者的身体健康。但是,如果要一名专业跑者去参加比赛,就没有这方面的问题。初跑者和专业跑者的区别如表3-1所示。

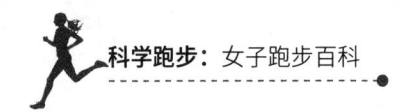

表 3-1　初跑者和专业跑者的区别

	初跑者	专业跑者
月跑量	不固定	200 千米及以上
配速	因人而异，通常较慢	每千米 4～6 分钟
力量	弱	强
耐力	弱	强
柔韧性	弱	强

想要从一名初跑者成长为专业的跑者，除了有计划、有目标地进行跑步训练，其他训练也必不可少。当然，最重要的是，你需要保持正确的跑姿，掌握科学的跑步技术，坚持不懈地进行跑步运动。

专业跑者具有哪些特质？

一个优秀的专业跑者，应该同时具有耐力、柔韧和力量这三项主要特质，它们相辅相成，共同帮助跑者进行长距离、速度较快的跑步运动。

力量

这里的"力量"是指肌肉的耐力。

跑步时，力量越强，肌肉的支撑也就越强，跑者就会跑得更有力、更持久。专业跑者的力量一般都很强大，可以支撑他们进行长距离的跑步。

核心力量起着平衡和控制的作用，是达到最佳运动表现的基础，可以通过平板支撑、深蹲等训练，来加强核心力量的训练。这些动作需要坚持 2 分钟以上才算合格。

第三章 姿势标准，技术正确：跑道上的美丽倩影

平板支撑加强核心力量训练

腰背挺直

髋关节尽量向下，争取低于膝关节

膝关节不超过脚尖

深蹲加强核心力量

105

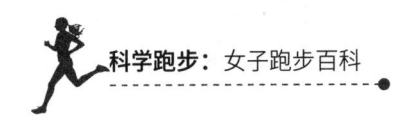

通常情况下，在做深蹲练习时，核心力量不强的人很难坚持 2 分钟，你可以尝试一下你能坚持多长时间。

❦ 耐力

这里的"耐力"重点是指"心肺耐力"。

良好的耐力能让你跑得更远、更持久。专业跑者的耐力都很好，足以支撑他们进行长距离的跑步运动，比如参加马拉松比赛。所以，要想拥有很好的耐力，你就需要坚持不懈地进行跑步运动。

耐力可以支持长距离的跑步运动

柔韧

这里的"柔韧"是指骨骼关节、肌腱和肌肉的灵活性和柔韧性,专业跑者的柔韧性很好,所以在跑步过程中可以避免拉伤和扭伤。

那么,该如何获得比较好的柔韧性呢?身体的柔韧可以通过身体的各种伸展性训练来获得。

科学跑步

女子跑步百科

轻松应对比赛

经过日复一日的跑步练习，当你掌握了正确的跑姿并将那些跑步技术融会贯通之后，你是不是想要去参加比赛，想要一展所长呢？别着急，比赛场上也有小技巧，学会这些训练方法，有助于你轻松应对跑步比赛。

比赛前的训练准备

想要轻松应对比赛，就不能指望"临时抱佛脚"，而要进行科学的训练，让身体为参加比赛做好准备。

减少大强度的训练量

根据你参加比赛的类型，适当减少平时训练跑步的路程。如果你参加的是短距离比赛，那么只需要比赛前一周进行调整即可；如果参加的是长距离比赛，可以提前两周进行调整。

在调整期内，"减少训练量"可不是停止跑步训练，训练量的适当减少可以让身体"养精蓄锐"，这样才能在比赛时更出色地发挥。

♣ 营养要充分适当

一些女性跑者习惯了每天跑步的训练量，会担心减量调整期内无法保持体重，于是开始有意识减少摄入量。还有的跑者，觉得自己快要比赛了，应该营养充分一点，结果，摄入量一不小心就超标。

以上这些做法都是不可取的，越是接近比赛的日期，越应该保持饮食规律，营养充分适当，这样才能以最好的精神面貌迎接比赛。

放松自然的心情是取得胜利的前提

做好心理准备

"在比赛中保持放松的心态",这句话听起来很简单,但很多女性一旦站在起跑线上就开始"身不由己",突然就紧张起来,或者盲目轻敌,其后果不难想象,完全无法发挥出自己真正的实力。

在比赛中,越放松、越自信,才越有可能释放出自己的潜能。

因此,在比赛之前,不要去想那些令你烦恼的事情,专心比赛,也不要管其他人的比赛表现,以轻松愉快的心态面对比赛。

为你加油

参加跑步比赛,可不能盲目上场。

比赛前,你可以提前去查看比赛场地,熟悉地形。同时,要拒绝外界的一些干扰诱惑,不熬夜,不暴饮暴食。

比赛时,如果是长距离比赛,应尽量维持在一个稳定的速度,不要"忽快忽慢",呼吸也要保持平稳。

比赛之后,要进行伸展放松,并注意补水。

在跑步比赛前,你一定要对自己有信心,意志要足够坚定,不必过度在乎名次,更重要的是享受跑步过程,相信自己一定会有良好表现!

科学跑步
女子跑步百科

跑后放松以及一些常见问题应对

跑后如何进行放松？

很多人在跑步结束之后就直接放松休息了，结果，第二天自己的肌肉非常酸痛，这是因为你跑后没有放松。

伸展有助于放松僵硬的肌肉

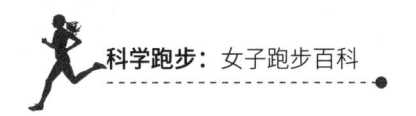

跑后放松的方式很简单，那就是伸展你的肌肉，让僵硬的肌肉得到放松和舒展。伸展不同部位的肌肉在本章跑步热身中已有所介绍，这里不再赘述。

特别要注意的是，伸展姿势要保持 20～30 秒的时间，这样才能充分伸展肌肉群。

跑步期间如何补水？

跑步时，你是不是很容易出现口干舌燥的情况，感觉自己需要喝水。但是，在跑步运动中，补水也是要讲究方式方法的。

跑步时，如果你跑步的时间不超过 80 分钟，一般的白开水就可以满足你的需求，如果跑步时间很长，就需要适时补充含糖和电解质的饮料。

跑步过程要注意补水

除此之外，在跑步运动中，喝水讲究少量多次，不能一下子喝太多水，否则，会起到反作用。

跑步前的 24 小时之内，除了要摄取日常需要的 8 杯水外，在跑步前也需要补水。关于跑步中如何补水，在下一章会做更详细的介绍。

冬季进行跑步运动时，由于出汗很少，无须进行多次补水，按照自己的实际需求补充即可。

温馨提示

在跑步过程中，需要补水，但补的水并不是纯水，而是含有一定盐分和糖类的水，其目的是补充流汗缺失的电解质。

一般，糖的浓度不超过 25 克/升，盐的浓度不超过 20 克/升。每次不宜喝太多的水。跑步结束后，要等到呼吸平稳下来再进行补水。

跑步中岔气的应对

在跑步过程中，岔气是一种常见情况，尤其是对初跑者来说。

当你没有办法在跑步中正确地控制自己的呼吸节奏时，呼吸紊乱就会导致岔气。

如果在跑步中你突然感到胸肋部疼痛，很有可能就是岔气了。

有些人体质较弱或体质敏感，在天气冷的时候参加跑步，会发生过敏性岔气，表现为"一动就岔气，经常岔气"。

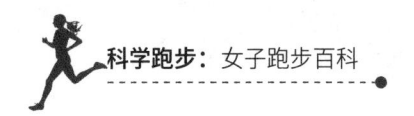

岔气的时候，人们的普遍体验就是"连呼吸都会痛"。

跑步时呼吸过于急促会引发岔气

造成岔气的主要原因是不规律、急速的呼吸，有时也会因为吸入大量冷空气造成岔气。

胸肋部疼痛，右下肋部胸闷、胀痛，疼痛位置不固定。

深呼吸时疼痛加重。

岔气的主要表现

学会合理调整自己的呼吸是有效预防岔气非常好的方法。一般的，在跑步时，推荐"两步一呼吸""三步一呼吸"的呼吸节奏。

如果你不想遭受岔气的痛苦，最好的办法就是加大呼吸深度。因为浅而快的呼吸不能给肌肉和膈肌提供足够的氧气，所以在跑步时，要有意识地进行深吸气和深呼吸。

如果在跑步过程中，发生了岔气，该如何应对呢？可以尝试以下几种方法。

首先，尝试降低跑步速度，抬起岔气的那侧手臂，并将手掌放在头部后方，这样可以伸展你胸部两侧的肌肉，持续 30～60 秒，一般可以奏效。

其次，向不岔气的那侧弯腰，目的也是伸展岔气那侧的肌肉，以缓解岔气带来的身体不适。

最后，及时调整跑步节奏，手按压疼痛部位，并进行缓慢的深呼吸，这样也能有效缓解岔气带来的疼痛。

必要时，应停下跑步，休息调整。

科学跑步 女子跑步百科

CHAPTER 4

第 四 章

关注摄入，减脂塑身：
越跑越瘦的秘密

你是否在为自己的身材而烦恼呢？健身跑作为一种有氧运动，可以帮助你很好地减脂塑身。

当然，盲目的跑步并不能达到很好的瘦身效果。在参与健身跑的同时，你必须正确认识脂肪和卡路里，全面、合理地摄入营养，制订科学合理的饮食计划。只有这样，你才能更正确地去跑步，也才能达到通过跑步来减脂塑身的目的。

运动与营养

畅|聊|跑|步

人们常常告诫身体虚弱的人要加强营养,那么人体所必需的营养到底有哪些呢?它们与运动有怎样的关系呢?

合理地补充营养才是保证我们身体健康的关键,那么以塑型减脂为目的的跑者要怎样补充营养呢?你和你的家人、朋友在跑步时是怎样补充营养的呢?

营养与营养素

营养是指人体摄取食物,然后通过身体消化、吸收、代谢,利用食物中身体所需的物质以维持生命活动的动态过程。

食物中所含的人体所需要的物质就是营养素。

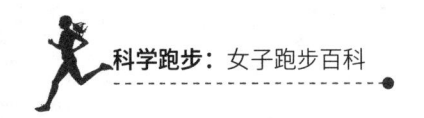

人体所必需的营养素有几十种，其中最主要有六大类，即碳水化合物（糖）、蛋白质、脂肪、矿物质、维生素和水。

在进行跑步运动时，需要全面、均衡地补充六大营养素。

营养丰富的各类食物

营养素与跑步运动的关系

各类营养素在跑步运动中发挥不同的作用，了解这些营养素的作用，可以引导我们正确、合理地去补充营养。

❀ 碳水化合物与跑步运动

碳水化合物其实就是糖类，你知道跑步时所需要的大部分热量都是由碳水化合物提供的吗？谷物类和薯类（米饭、面条、土豆、红薯等）中都含有大量的糖分。

跑步时，你的肌肉需要消耗大量的糖分，就像火炉需要燃烧大量的煤炭来供热一样。当体内缺少糖分时，人体就会出现疲乏、低血糖等症状。

❀ 脂肪与跑步运动

如果你正在为减脂而努力跑步，你可能不想再吃任何含脂肪的食物，但脂肪与碳水化合物一样，也是跑步时重要的能量来源。因此，如果你想减脂塑身，在跑步期间可以适当减少摄入脂肪，但不能不摄入脂肪。

脂肪主要来自动物油脂和植物油脂。

❀ 蛋白质与跑步运动

在长时间的跑步运动中，当糖类被耗尽后，蛋白质就会被分解，变成能量供给人体。只是蛋白质所提供的热量相比碳水化合物和脂肪要少很多，一般不作为跑步的能量来源。

尽管在跑步运动中，蛋白质很少用于提供热量，但是蛋白质是人体重要组成成分，细胞的代谢也不能缺少蛋白质。因此，跑步期间，适当增加蛋白质是必要的，它能确保你身体中活跃的代谢活动正常进行，并且有助于增加你身体的抵抗力。

蛋白质主要来自瘦肉类、奶类、豆类食品。

🍀 矿物质、维生素与跑步运动

当你在跑步过程中大量出汗时，你体内的盐分也会随之流失，流失的这些盐分中就含有很多矿物质。

矿物质流失过多会使机体产生疲乏无力、肌肉抽搐、心律紊乱等症状，会影响你的跑步水平。

跑步运动使人体代谢加强，对维生素的需求量也会增加。缺乏维生素会让人的一些生理活动出现异常，从而导致运动能力下降。因此，跑步期间要重视对维生素的补充。

维生素的来源

❇ 水与跑步运动

跑步常常会让你汗流浃背，很多人在坚持跑步一段时间后，会发现体重变轻了，实际上，这是你身体里的水分变少了，而并不是身体里的脂肪减少了，这是很多人都会遇到的跑步减重的"假象"。

跑步时的排汗，是身体通过排汗在散热，水就是帮助人体散热的主要介质。

若排汗过多，身体就会缺水，就会导致身体散热能力降低，运动能力也会下降。

跑者如何补充营养？

参加跑步锻炼的人要按照自己跑步的目的合理地补充营养。例如，如果你跑步的目的是为减脂、瘦身、塑型，那你就要在增加运动消耗的同时控制饮食。

❇ 碳水化合物、脂肪和蛋白质的补充

在跑步减脂期间，你有没有注意你的热量摄入比例呢？减脂跑者应该按照怎样的比例摄入热量呢？

一日三餐中，对于正常体重的女性成年人来说，推荐摄入的碳水化合物、脂肪和蛋白质的比例分别为60%～70%、20%～25%、10%～15%。

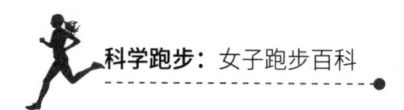

01	减少碳水化合物的摄入，即减少主食。平时如果能吃一小碗米饭，可减半来吃。
02	不可过分地限制碳水化合物的摄入，如果身体缺乏糖分，会使脂肪酸不能彻底氧化分解，反而影响减脂。

碳水化合物的补充方式

01	减少脂肪的摄入，比如少吃或不吃油炸食品、奶油等；炒菜时少放油，最好用煮、蒸、炖等方式进行烹饪。
02	不可过分地限制脂肪的摄入，脂肪是身体必需的营养素。体脂堆积其实由各类未消耗完的热量造成，并非只是脂肪摄入过量。

脂肪的补充方式

> **01** 若减少脂肪和碳水化合物的摄入，可适量增加蛋白质摄入量，比如吃一些瘦肉、鸡蛋、豆类食物，或者喝牛奶。

> **02** 蛋白质不易消化吸收，也不能摄入过多。摄入过多的蛋白质会增加消化系统和肾脏的负担。

蛋白质的补充方式

❉ 维生素、矿物质的补充

跑步可使人体代谢加强，更容易出现矿物质流失、维生素缺乏等症状，进而影响你的跑步表现。

人体的新陈代谢过程中，离不开矿物质、维生素的参与。如果矿物质流失、维生素缺乏，就会影响人体的正常代谢情况，进而导致运动能力的下降。因此，应在日常饮食中及时补充维生素和矿物质。

> **维生素的补充** 维生素存在于各类天然的食物之中。但如果维生素摄入过量也会导致中毒症状。

> **矿物质的补充** 矿物质分布在各种食物当中，日常饮食基本能满足人体需求。跑步运动时矿物质流失增多，尤其会流失钙和铁，所以运动者可适当食用含钙和铁较多的食物。

维生素、矿物质的补充方式

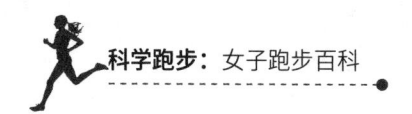

❀ 水的补充

长时间跑步运动容易使水分与电解质流失，所以运动者应及时补水，同时也要补充电解质，以保证补充大于流失。

跑步补水需遵循科学合理的步骤和方法，跑步前、跑步期间和跑步后都有不同的补水方式。

跑步前：前15～30分钟内饮用150～300毫升的水，在饮用的过程中不能一次喝完，可以慢慢地喝。

跑步期间：每隔15～20分钟饮用125～250毫升的水，不要等到口渴之后才想起喝水。

跑步后：需要补充大约500毫升的液体。如果跑步超过了1小时，要持续喝1 000毫升的水（大约两瓶矿泉水）。注意不要在跑完步后立即大量喝水。

跑步补水的方式

温馨提示

如果你的身体状况比较特殊，就不能盲目地参与跑步运动，需要根据自己的身体情况，制订正确合理的跑步计划。

如果你的体重过重，跑步时间不宜过长，长时间运动容易导致下肢损伤。你可以采取减少饮食为主，跑步为辅的减脂办法。

如果你大病初愈，身体虚弱，或者正在经期，不可过度节食，以免跑步时出现低血糖症。你可以采取跑步锻炼为主，节食为辅的减脂办法。

如果你是初跑者或者长期未参加跑步运动者，不要一开始就参与剧烈的，或者长时间、高强度的跑步运动，可逐渐增加运动量。

科学跑步 女子跑步百科

关于"瘦"的一些谣言与真相

畅|聊|跑|步

你坚持跑步是为了减脂瘦身吗？可能很多女性都会给出肯定的答案。但你知道怎样跑才能瘦身吗？事实上，并非开跑就一定能瘦，如果你没有掌握正确的减脂跑步方法，那就很可能会陷入减脂的误区。

关于跑步瘦身的一些"谣言"

在操场上或者健身公园中，努力跑步的女性比比皆是，当你从她们身边经过时，可能会见到一些步伐飞快、大汗淋漓、呼吸急促的人。那么，这些跑者可能听信了一些关于减脂瘦身的"谣言"了。

那么，你能够正确地认识跑步瘦身吗？你能够辨别跑步减脂瘦身的"谣言"和"真相"吗？随我一起去了解那些常见的瘦身"谣言"吧！

❖ "跑步时间越长减脂越多"

长时间、大量的跑步运动往往会给人造成消耗更多脂肪的错觉，但脂肪的消耗其实是一个相对复杂的过程，要掌握正确的跑步方式，才能有效燃脂。

长时间、大运动量的跑步常常会超出身体负荷，给身体带来一些伤害和问题，并不利于减脂。

> 大量的跑步运动可能会让心脏收缩频率加快，造成身体进入无氧运动状态，这时，脂肪不能有效分解释放能量，只能消耗糖类等其他营养素。

> 无氧运动会使身体产生不能完全氧化的酸性物质，造成肌肉的疲劳、痉挛、酸痛等症状，从而影响跑步的心情，甚至让你对跑步失去信心。

> 无氧运动使身体消耗大量的糖分，容易出现低血糖，产生饥饿感，从而吃更多的东西，导致体内堆积更多的脂肪。

长时间、超负荷的跑步运动并不能有效减脂

✤ "跑步越快消耗脂肪越多"

很多人觉得快速的跑步能够在短时间内消耗掉更多的脂肪，因此在这一动力的促使下进行一些剧烈的跑步运动。这也是跑步瘦身的一个认识误区。

与超负荷的大量运动一样，快速而剧烈的跑步运动会使人体供氧不足，形成无氧运动，从而消耗容易获取的糖分而不能消耗脂肪。

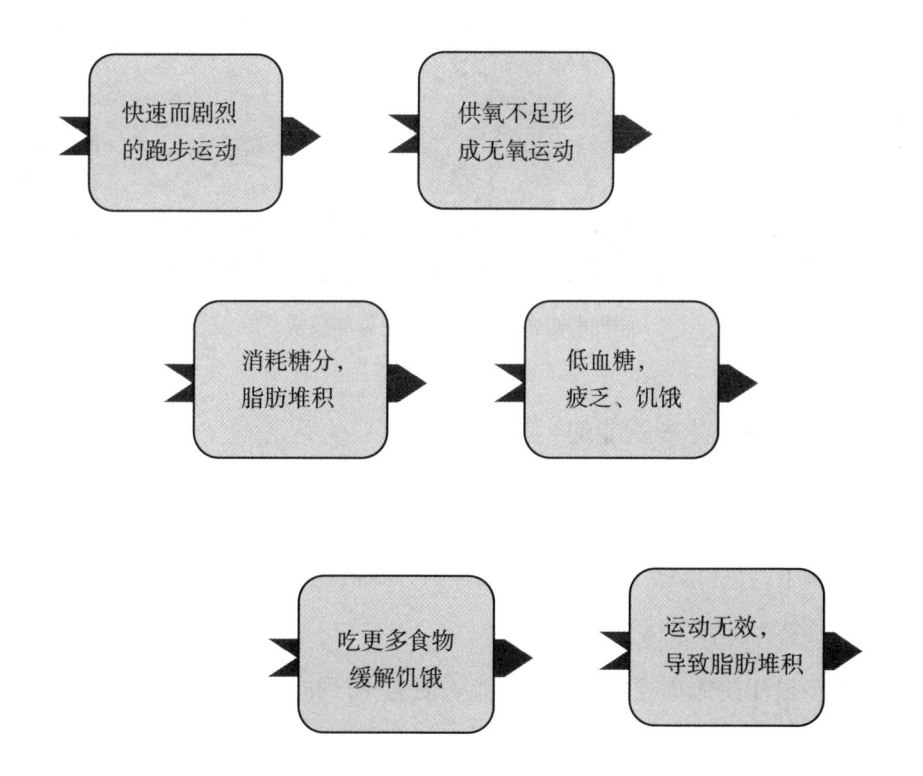

快速而剧烈的跑步运动 → 供氧不足形成无氧运动

消耗糖分，脂肪堆积 → 低血糖，疲乏、饥饿

吃更多食物缓解饥饿 → 运动无效，导致脂肪堆积

快速而剧烈的跑步不能有效减脂

经过一段时间的剧烈跑步后，你会感到呼吸困难，但这时，你体内的脂肪没有任何消耗。

快速而剧烈的跑步运动只会让你感到疲乏，甚至很快产生放弃继续跑下去的念头。

剧烈的跑步运动很快会让身体疲累

❋ "跑步出汗多就能瘦"

"跑步出汗越多，减脂越多"，这是被很多人信以为真的一个"谣言"。

事实上，出汗多少与脂肪消耗的多少并没有直接的关系，出汗只是为了散热以维持人体正常体温。

跑步出汗使体重减轻不等于减脂，因为排汗排掉的大多是水和无机盐，水分排出体重当然会减轻。

大量的排汗会造成人体缺水而无法排热，这时候需要及时补水，而不是一味地任由汗水排出。

❋ "短时间的慢跑就可以轻松减脂"

如果说长时间以及快速而剧烈的跑步不能减脂，那么短时间的慢跑运动是否就能减脂呢？这也是不行的。

第四章 关注摄入，减脂塑身：越跑越瘦的秘密

跑步出汗与瘦身减脂关系不大

跑步30分钟以上：脂肪才开始转化为能量，被有效地利用起来，与碳水化合物一起为人体供能。

跑步1个小时之后：脂肪才逐渐成为人体主要的供能营养素，所以长时间低强度的慢跑运动才能有效地消耗脂肪。

跑步 30 分钟以上脂肪才开始消耗

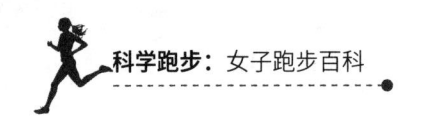

温馨提示

了解了以上"谣言",你可能就会认为,只有长时间、低强度的有氧慢跑才能消耗更多脂肪,但这样的认识也是不正确的。

相同时间里,在身体可承受的状况下,高强度的跑步运动所消耗的脂肪必定要高于低强度的跑步运动。很多初跑者是因为一开始并不能适应剧烈的跑步运动,所以低强度的慢跑运动才成了这些人群的最佳选择。

跑步的量以及强度要随着力量的提升循序渐进地增加,这样才能慢慢适应,减去更多脂肪,拥有好的身材。

♣ "跑步活动中做各种动作可使身体局部变瘦"

有些女性跑者只想瘦掉身体的某些局部,比如大腿、腰和肚子等,所以一边跑步一边甩大腿、揉肚子、抬胳膊,做出各种各样怪异的动作,认为这样可以让身体的局部瘦下来。

这样的认识和做法是非常不科学甚至是错误的。在跑步时做出各种不协调的动作,不但起不到瘦身的作用,反而可能会对身体造成损伤。

"局部瘦"要以"全身瘦"作为基础,所以穿上合适的跑鞋、按照正确的跑步姿势进行长跑,往往比做那些"多余"的动作要更加有效。

第四章　关注摄入，减脂塑身：越跑越瘦的秘密

长时间、低强度的慢跑运动能有效地减脂

温馨提示

很多女性因为习惯了穿高跟鞋，走路身体重心总是后倾，在跑步时也会无意识地将重心后倾。

"跑步时重心后倾"的跑步姿势是不正确的，容易使人产生疲劳。可以试着将身体微微前倾，这样才能让你跑得更舒服、更长久。

科学跑步：女子跑步百科

跑步时重心后倾

跑步时重心前倾

跑步"瘦身"的真相：把握跑步的"度"

很多人之所以会错信减脂瘦身的"谣言"，是因为他们对自己的身体、力量以及减脂的本质并没有清晰明确的认识。

现在，你知道怎样才能更快速、更有效地减脂了吗？

当运动超出身体负荷或者没有达到运动量的情况下都不能有效地减脂，因此要想尽快地瘦下来，把握跑步的"度"非常重要。

01　跑步的量、时长、速度等不能过度，要根据自己身体的感觉去判断这个"度"，跑步时感觉到呼吸困难、疲累时要及时做出调整。

02　在身体能够承受的范围内，要尽可能地延长跑步时间，加快跑步速度，这样才能减掉更多脂肪。

03　在跑步中循序渐进地增大强度，不要一开始就过急、过快地进行高强度的跑步运动。

把握好跑步的"度"

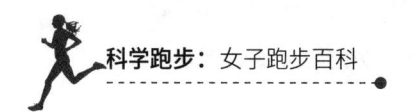

为你加油

你是否有过这样的经历？在刚开始跑步时身体会非常难受，心里一次次地产生放弃的念头，但其实你才跑了几百米而已。

这时候你只要再坚持一下，这个难受的劲很快就会过去，身体会变得轻盈舒适起来，这样你就能够延长跑步的时间和距离，减掉更多的脂肪了。

可能每个人在跑步时那个轻松瞬间到来的时间不一样，但只要坚持，轻松的时刻总会到来的。

了解脂肪与卡路里

了解脂肪，才能更好地减去脂肪，才知道怎样能有效地减脂；了解卡路里，就能知道我们一天摄取了多少热量，从而判断摄取多少食物才是合理的。那么，你了解脂肪和卡路里吗？为了能够尽快减脂，获得美妙的身材，快来了解一下与跑步瘦身息息相关的"脂肪"和"卡路里"吧！

认识脂肪

看过了前面的内容，相信你已经知道脂肪是人体所需的重要营养素，以减脂为目的的跑步运动就是一场针对脂肪的战斗。那么，你知道脂肪是怎样在人体中积累的吗？体重多，脂肪就一定多吗？

❀ 脂肪的积累过程

存储脂肪是人类在很久以前就形成的本能的生存机制，身体为了预防饥

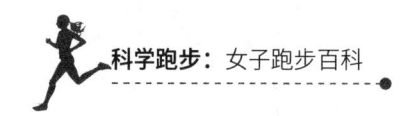

荒或者疾病的到来，总是在悄悄地为你积攒脂肪。

下面来了解一下脂肪的积累过程吧。

20岁左右：身体开始存储脂肪，但这时候身体的脂肪存储量一般来说是很低的。

25岁左右：身体可能在某一刻就会认定一个体脂最低值，然后在这个基础上逐年增加脂肪储存量。

30岁左右：脂肪每年增加的量很少，少到不会引起你的关注，大多数时候你根本察觉不到。

30岁之后：每年增加的脂肪量就逐渐地显现出来了，你需要更加积极地参与运动，同时注重对饮食的控制。

脂肪逐渐积累的过程

面对脂肪逐年增加的这种状况，你需要通过跑步、规范饮食等科学合理的方法来管理脂肪，而不能盲目地通过"加大运动量""少吃"来减脂。

> **温馨提示**
>
> 作为一名女性，你是否常常感觉到自己的减脂之路实在太艰难了？男性减脂的速度往往比女性要快，这是大自然对女性的原始性保护，所以不要灰心，坚持就是胜利。
>
> 男女除了减脂速度不同，脂肪积累的部位也不相同。男性的脂肪基本都积累在表皮，而女性的脂肪首先会在身体内部的各个区域积累，所以当她们年纪尚小时，脂肪积累量不容易通过外表被察觉。
>
> 当女性大概到 40 岁左右时，身体内部脂肪存满并开始向表皮进发，这时候身体就会发胖。所以，年轻的女性朋友平时要多注意运动和饮食健康。

❀ 体重和脂肪的关系

你是否也是一个非常纠结体重的人呢？那么你见过那种体重相对高但看着不胖，体重相对低但看着较胖的人吗？这说明体重和脂肪并不一定就是正比关系。

那么，为什么会出现"体重高但瘦""体重低却胖"的现象呢？这就与"体脂率"密切相关了。

"体脂率"是指人体脂肪占总体重的比率。体脂所占比率较高,即便体重不高也会显得胖,反之则相反。

如果你想要测量你的体脂率,可以使用体脂机,也可以用体脂率公式大致去估算。体脂机一般在设备齐全的健身场所会有配备,而体脂率公式方便个人随时测算,一般在清晨时分测量较准确(表4-1)。

女性体脂率计算公式	参数a=(腰围厘米数×0.74) 参数b=(体重千克数×0.082)+34.89 身体脂肪重量(千克)=a-b 体脂率=(身体脂肪重量÷体重)×100%

女性体脂率计算公式

男性体脂率计算公式	参数a=(腰围厘米数×0.74) 参数b=(体重千克数×0.082)+44.74 身体脂肪重量(千克)=a-b 体脂率=(身体脂肪重量÷体重)×100%

男性体脂率计算公式

表 4-1 男女性体脂率参照表

性别	正常体脂率	肥胖体脂率
女性	30 岁以下 17%～24% 30 岁以上 20%～25%	>25%
男性	14%～20%	>20%

注：数据参考舒雪，曾拂广，《无"械"可"肌"》，2016 年。

认识卡路里

卡路里是一种热量的单位，用于计量营养。

如果我们能够对卡路里有更多的认识和了解，那样就能帮助我们更好地控制饮食，合理而健康地摄入食物。

那么，你知道人体一天需要多少卡路里吗？应该怎样去控制卡路里的摄入呢？

❖ 人体对卡路里的需求

人体要维持正常的生命体征就需要消耗热量，所以当人静坐与运动的时候都会消耗卡路里。人体的活动量不同，所需要的卡路里也不相同（表 4-2）。

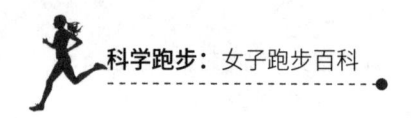

表 4-2 不同运动量的卡路里消耗量

（1 磅≈0.9 斤）

运动量	卡路里消耗量
维持基本的呼吸、心跳和大脑运转	10 卡路里/磅
步行 3~6 千米	12 卡路里/磅
跑步大约 10 千米	15 卡路里/磅

注：数据参考（美）杰夫＆芭芭拉·盖洛威，（美）南希·克拉克著；毛润卿译，《女子跑步与燃脂塑型》，2017 年。

❦ 如何控制卡路里的摄入？

当你知道了人体每天大概需要的卡路里数量后，我们就可以按照所需量摄入卡路里了。

或许你已经知道，一些专门的"工具"可以帮助你去更精确地了解卡路里，比如说一些专业的手机 App。

当前，有很多手机 App 都支持食物的卡路里计算。你可以下载一款计算卡路里的 App，每天将你摄入的食物输入到 App 中，这样就能计算出你一天大致摄入了多少卡路里。这对你了解和控制每天的饮食中卡路里的摄入量是非常有帮助的。

形成追踪和记录卡路里摄入量的好习惯，可以让你在跑步减脂的过程中收到更好的效果，而且也能帮助你平衡饮食。

第四章 关注摄入,减脂塑身:越跑越瘦的秘密

在手机 App 中随时计算卡路里摄入量

科学跑步

女子跑步百科

女子跑步科学饮食法则

按照科学合理的饮食规则摄取食物是减脂塑身过程中必不可少的环节，只有健康科学的饮食配合跑步运动才能让你拥有好的身体、优美的身材。

在跑步的过程中，为了能更加顺利地跑完规定里程数，也要按照正确的饮食法则定时定量地摄入食物。下面就来一起了解一下日常和参与跑步运动期间的科学饮食法则吧。

日常推荐饮食法则

日常生活中，科学的饮食推荐要尽量做到"少食多餐，避免暴饮暴食"，这样的饮食习惯更有利健康，也更有利于减脂。

"少食多餐"的饮食法则，即2～3小时吃一次东西，将三餐变成6～9餐，这样可以有效避免身体出现饥饿反应，防止积累更多的脂肪。

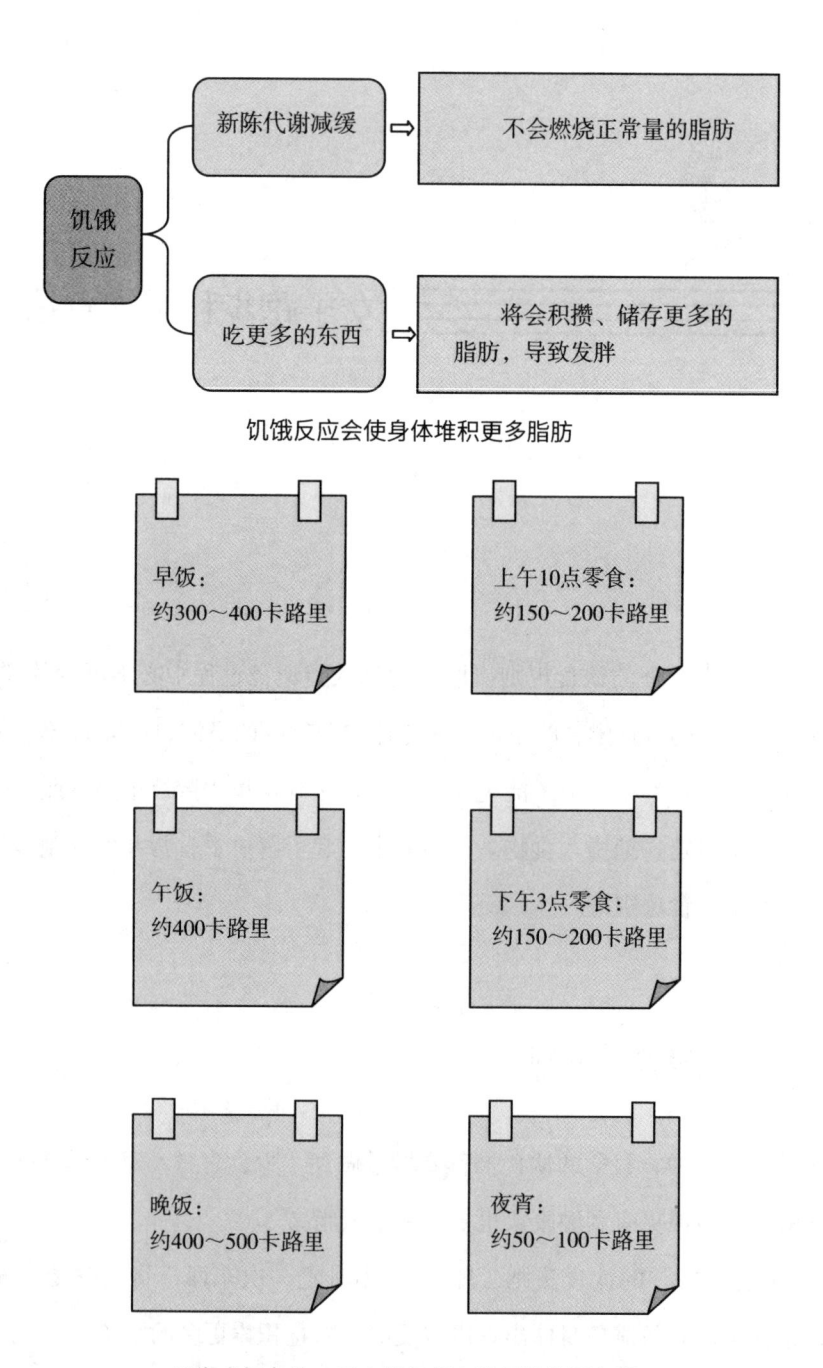

饥饿反应 → 新陈代谢减缓 → 不会燃烧正常量的脂肪

饥饿反应 → 吃更多的东西 → 将会积攒、储存更多的脂肪，导致发胖

饥饿反应会使身体堆积更多脂肪

早饭：
约300~400卡路里

上午10点零食：
约150~200卡路里

午饭：
约400卡路里

下午3点零食：
约150~200卡路里

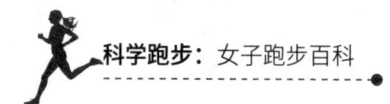

晚饭：
约400~500卡路里

夜宵：
约50~100卡路里

正常成年女性一日6餐每餐卡路里推荐摄入量

注：数据参考（美）杰夫＆芭芭拉·盖洛威，（美）南希·克拉克著；毛润卿译，《女子跑步与燃脂塑型》，2017年。

跑步期间推荐饮食法则

跑步期间为避免发生低血糖等症状，应该合理地补充营养。与合理饮水的规则一样，跑步前、跑步期间和跑步后也有不同的补充食物的规则。

如果在清晨跑步可以不吃东西，等跑完步再吃（低血糖者要先吃早饭）。

下午，跑者可在跑前30分钟内摄入一定量的容易消化吸收的碳水化合物（如全麦面包、香蕉等水果）。

跑前30分钟可按照碳水化合物占80%，蛋白质占20%的比例摄入食物。

跑前30分钟摄入食物的总热量大约为150卡路里（大约为一个中等大小的苹果或者两根香蕉的热量）。

正常成年女性跑步前食物摄入方式与摄入量

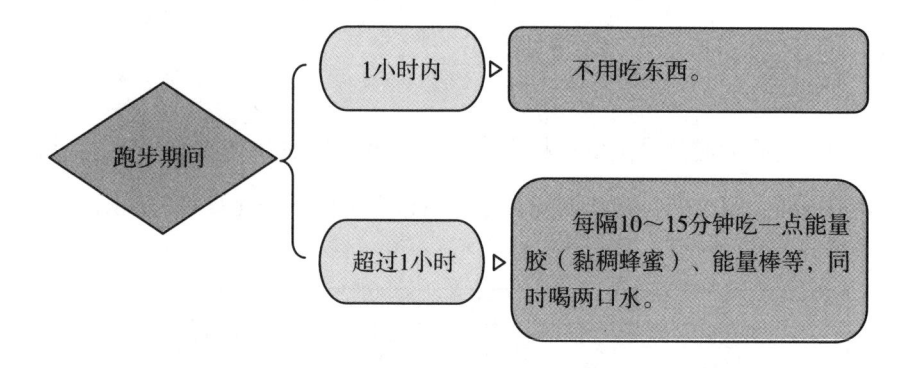

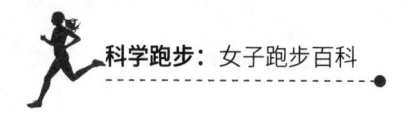

```
                    ┌─ 1小时内 ▷ 不用吃东西。
         跑步期间 ─┤
                    └─ 超过1小时 ▷ 每隔10～15分钟吃一点能量胶（黏稠蜂蜜）、能量棒等，同时喝两口水。
```

正常成年女性跑步期间食物摄入方式

跑步后30分钟内摄入100～200卡路里的食物。

按碳水化合物占80%，蛋白质占20%的比例摄入食物。

正常成年女性跑步后食物摄入方式与摄入量

CHAPTER 5

第 五 章

征服不服，潇洒奔跑：
回击女子跑步的
质疑声

很多女性在跑步时，会遭到外界的质疑。

但更多的女性正在用跑步实践、用实力回击这些质疑。

你是否有疑惑，她们是如何兼顾跑步和家庭的？她们是如何在孕期也坚持跑步的？她们是如何从初跑者到完成马拉松的？

你是否羡慕，想成为她们之中的一员？

不要再犹豫了，和志同道合的跑友行动起来吧！

一直以来，女性奔跑的脚步从未停下……

孕妇不能跑步吗？

畅|聊|跑|步

你身边有准妈妈跑者吗？看到她们在孕期仍然坚持跑步，你会为她们感到担忧吗？孕期跑步是一件正常的事情吗？如果你是一名准妈妈，你希望自己得到怎样的跑步指导？

孕妇适度跑步的益处

孕妇也可以跑步吗？在过去，孕妇跑步可是一件会让人大惊失色的事情。当然，即便是现在，仍有很多人认为，孕妇应该被禁止从事任何运动，跑步运动也不例外。

随着医学技术的进一步发展，有专家研究和证实：适量的运动有利于孕妇自身和胎儿的健康。

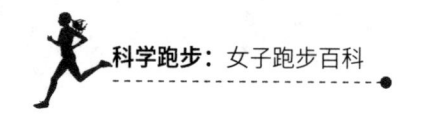

通过适量运动，孕妇可以减少身体不适，释放自己的恐惧感、焦虑感等不良情绪，有助于促进孕妇自然生产，同时可以更好地维持形象待产。

孕妇进行适量的跑步运动，除了有上述优点之外，还可以减少疼痛、肿胀、便秘等不适感，降低患上高血压的风险，益处多多。

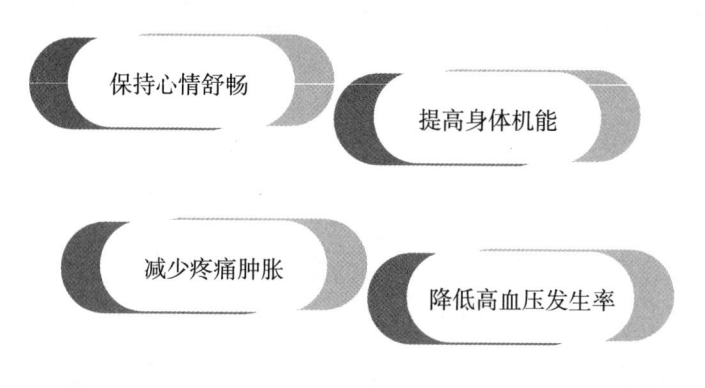

- 保持心情舒畅
- 提高身体机能
- 减少疼痛肿胀
- 降低高血压发生率

孕妇跑步的益处

孕妇跑步的注意事项

孕妇跑步的益处有很多，但这并不意味着孕妇可以毫无顾虑地从事跑步运动。即使是有着多年跑步经验的女性，也应慎重按照孕前的跑步运动量来开展跑步，过量的跑步运动可能会对孕妇和胎儿造成伤害。

那么，在跑步时，孕妇应该注意哪些方面呢？

❀ 适量运动是关键

这里的"适量"包含两方面，一方面是指跑步运动量，另一方面是指跑步速度。

第五章　征服不服，潇洒奔跑：回击女子跑步的质疑声

你要知道，当你处于孕期，正在孕育新生命时，你就不是一个人在跑步，而是和一个"小生命"一起进行跑步运动。因此，要注意来自胎儿的"呼声"，比如心率、呼吸等，千万不要跑到气喘吁吁的程度。一旦觉察到自己的心率过快，就需要减缓速度并及时检查身体。

正在跑步的孕妇

❀ **感到舒适很重要**

如果你怀孕之前就一直坚持跑步，在孕期，你仍旧可以继续坚持下去，但前提是"你感到舒适"。

当你"大腹便便"的时候，身体重心、平衡性与稳定性都会有所改变，

此时，应尽量降低跑步速度，可以快走或散步，不要勉强自己，更不要在低氧环境中跑步。

如果你怀孕初期一直没有跑步，在随后的时间里也不要拒绝运动，可以进行适当运动，运动的强度同样是以你感到舒适为主。

温馨提示

大多数怀孕女性可以进行轻度到中度的跑步运动，但有少数女性不适宜跑步。如有以下几种情况请你慎重参与跑步运动：

- 怀孕导致高血压的女性，孕期不适宜运动。
- 有早产或流产经历的女性，在进行运动时必须谨慎。
- 怀孕过程中出现过下身流血的女性。
- 医生建议卧床养胎的女性。

一般情况下，如果孕妇的身体比较健康，没有任何方面的疾病，此时，适当的跑步可以增强孕妇的免疫力，使其保持心情愉悦。如果孕妇的身体状况不佳，就别太勉强自己进行锻炼，否则很可能会适得其反。

跑步与家庭如何平衡？

畅｜聊｜跑｜步

我们在工作和生活中，不可避免地会遇到各种事情"扎堆"的情况，这时就需要你决定事情的优先顺序。在跑步和家庭琐事中，你会优先选择哪一项呢？你是如何平衡的呢？能把你的秘诀分享给大家吗？

跑步的时间

坚持跑步不是一件简单的事情，需要你投入大量的时间。但女性还要照顾家庭、兼顾事业，每天的日程安排都很满。如何才能挤出时间来跑步呢？这或许需要你有一个完整的跑步计划，可以在以下的时间段内进行跑步。

- 早晨起床后
- 晚上下班后
- 其他社交时间

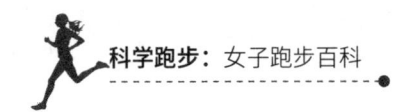

跑步的建议时间

❁ 早晨起床后

将跑步作为早上起床后的第一件事，首先完成跑步计划。这样，在畅快淋漓的跑步后，你就会有拥有充沛的精力来面对一天的工作和生活。

晨跑的年轻女性

如果你有睡懒觉的习惯，可以把跑步装备放在床边，一睁开眼睛就能看到，时刻提醒自己；或者你也可以养成早睡早起的习惯，你的生物钟远比你想象的要好调节，你会逐渐习惯晨跑。

❖ 下班之后

跑步也可以安排在下班之后。在一整天的工作之后，你一定会感到劳累，此时进行适量的跑步运动可以帮助你排解职场压力，以轻松愉悦的心情回到家中处理事务。

夜跑的年轻女性

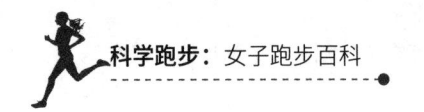

如果你家距离公司不远,你完全可以选择跑步回家,既可以锻炼身体,又能放松心情欣赏晚上的城市,何乐而不为呢?

❖ 充分利用社交时间

随着人们观念的不断更新,跑步逐渐成为一种新的社交方式。和朋友聚在一起吃喝玩乐不如约着和朋友一起跑步,不仅可以锻炼身体,更能在跑步活动中不断增进你们之间的友谊。

为你加油

尽管你可以合理安排时间跑步,但生活中总会有些事情打破你的计划,比如出差、加班等。如果你不想打破计划安排,或许可以尝试在出差期间跑步。这里有几个小建议:

- 安全第一。初到一个陌生的环境,要时刻注意自身安全。此时,跑步机也是一个不错的选择。
- 注意补充水分。差旅路上十分不便,总是会忘记喝足量的水,再加上跑步运动会流失大量水分,所以一定要注意补充水分。
- 调整自己的作息。如果你工作的地点与出差地点存在时差,要注意调整时差给自己带来的不适。

和孩子一起跑步

如果你是一名宝妈，不用说，也能想象到你的忙碌程度。这个时候，你又该如何平衡自己的家庭和跑步呢？

跑步，并不是一定要占用照顾家庭的时间，其实这二者是可以兼顾的。可以参照以下建议。

利用跑步婴儿车——跑步婴儿车，顾名思义，这是一款可以跑步的婴儿车，是特别为跑者设计的婴儿车。它具有很高的稳定性，你可以将孩子放在婴儿车中进行跑步，但是一定要密切注意孩子的状态。

推着婴儿车跑步

和其他妈妈合作——随着跑步热潮的到来,很多年轻妈妈也渴望进行跑步。你可以加入"妈妈跑团",和大家一起进行训练,一起轮流照看孩子,这样既可以社交也可以跑步,一举多得。

和孩子一起跑步——当孩子比较大时,可以带着他们去公园绿地一起跑步,但是要注意不要让孩子离开自己的视线,也可以让孩子骑着童车跟随,这样既可以锻炼自己的身体,又可以培养孩子运动的习惯。

和孩子一起跑步,亲子与跑步,两全其美

跑友重要吗？

> **畅│聊│跑│步**
>
> 你跑步时是自己一个人静静跑步还是和伙伴一起跑？如果你有机会可以挑选跑友，你会选择什么样的跑友呢？你喜欢什么样的跑友？你是如何看待跑友的？跑友在你跑步的过程中起到了什么作用？

和跑友一起训练的益处

有的女性喜欢独自跑步，跑步于她们而言，是一段难得的独处时光；也有的女性喜欢和跑友一起跑步，这可以带给她们极大的精神鼓励，也是社交的一部分，从这方面来说，跑友很重要。

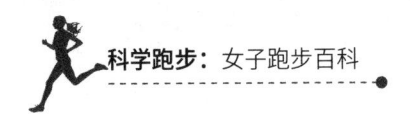

❀ 跑友可以督促跑步

想要一个人完成跑步计划，除了对跑步的热爱，你还必须具有极大的毅力，才能坚持不懈地去跑步。如果你有一个跑友，也许这个问题就会变得简单起来。

和跑友一起跑步更有动力

跑友可以充当你的"闹钟"，当你赖在床上不想跑步时，当你因为路程太远想要放弃时，跑友就会一直在你身边督促，让你"不敢"放弃。

第五章　征服不服，潇洒奔跑：回击女子跑步的质疑声

🍀 跑友可以让跑步变得有趣

跑者的训练时间和路程往往都很长，就算路上景色再漂亮，也可能会产生枯燥无趣的感觉，很容易让跑者放弃。

如果你身边有一个跑友，你们在路上可以一起热身、训练、交流，那感觉将会大大不一样。你会觉得路途忽然间没有那么无聊，时间甚至变短了，因为始终有一个人在身边陪着你，这种激励和鼓舞的作用是无法代替的。

为你加油

如果你已经被与跑友一起训练的益处所吸引，想要找到一个和你一起训练的跑友，这里有几个建议提供给你：

- 参加跑步组织。随着跑步热潮的到来，很多跑步组织逐渐形成，你可以在这些组织中寻找到各种水平的跑友。
- 从你的朋友中发展。也许你的某些朋友本身也是热爱跑步的人，只是因为没有时间、没有动力跑步。这时，你的出现就是双赢。
- 参加跑步训练营。跑步训练营的时光虽然短暂，但你很容易找到和自己水平相近的跑友。

🏃 最佳跑友需要具备的特征

想要让自己的跑步训练变得更加轻松有趣，你需要找到一个最佳跑友。

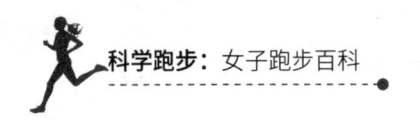

那么，到底什么样的跑友才是最佳跑友呢？或者说，最佳跑友身上一般具有哪些特征呢？你或许可以根据下面几点特征来寻找你的跑友。

❁ 训练水平和自己相近

最佳跑友和你的训练水平、训练时间最好相近，只要这样，你们才能一起跑步，不会互相"拖后腿"。

如果你是一位初跑者，你可以找一位初级跑者作为你的跑友。这样你们就可以一起交流跑步过程中的困惑，分享生活中的喜怒哀乐。

和跑友一起训练

❦ 和自己意气相投

如果你具有一定的训练经验和比赛经验，希望自己可以取得更好的成绩，也许你可以找一个实力略胜你一筹的跑友，最好你们两个意气相投。在她的带动和激励下，两个人的跑步水平都会有很大的长进。

❦ 积极乐观，乐于分享

跑步时，跑友的情绪很容易感染到你，跑友积极乐观的态度能让自己变得更加坚强。

想象一下，当你情绪低落地跑步时，身边的跑友一直处在一个积极的状态下，笑容满面地和你分享生活中有趣的事情，你是不是会不知不觉被她感染，重新打起精神跑步。

跑友的鼓励和感染作用都是相互的，你也应该始终保持积极乐观的心态，和跑友分享有趣的事情，这样你们就不会轻易气馁，可以在互相帮助下享受跑步乐趣、分享跑步乐趣。

温馨提示

很多跑者喜欢和狗狗一起跑步，狗狗总是那么忠心可爱，喜欢定时出门遛弯，对女性来说，不仅可以起到陪伴作用，也能增加跑步的安全性。

如果你想要带狗狗跑步，首先要明确你的狗狗的身体状况，它是否适合跑步，一旦它在跑步过程中直吐舌头，就说明它需要立刻休息。

需要特别提醒你的是，如果你养的是小型犬和幼年狗，尽量不要带它们去跑步，因为它们不适宜参加长距离跑步。

科学跑步 女子跑步百科

教练能给你什么帮助？

你身边的跑友都有自己的跑步教练吗？教练与跑者具有什么影响？我们又该如何找到适合自己的教练呢？

教练让跑步更高效

提到教练，你也许会认为这是专业跑者或者学校田径队的队员的专属配备，跟自己没有什么关系。

实际上，教练也可以给一般跑者很多帮助。

教练可以为你解答跑步过程中的各种疑惑；可以帮你制订力量训练、稳定训练方案；可以针对你跑步中出现的运动损伤进行恢复训练等。总之，教练会让你的跑步更加高效。

科学跑步：女子跑步百科

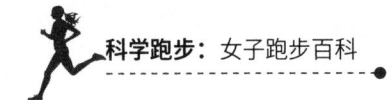

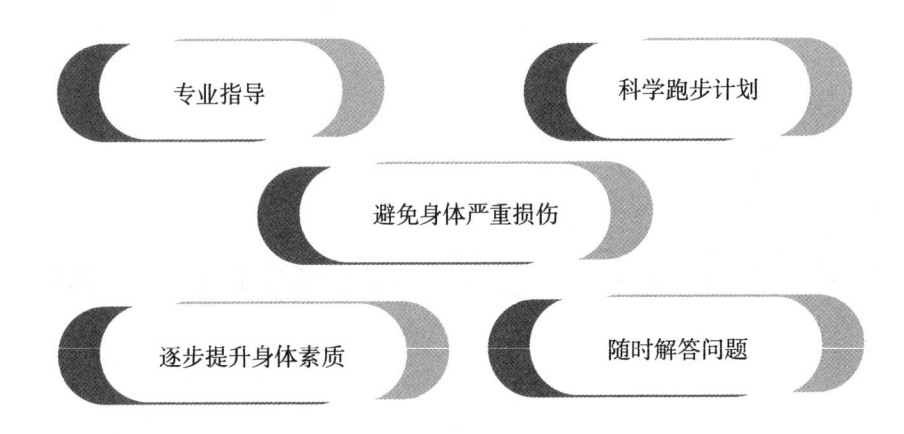

- 专业指导
- 科学跑步计划
- 避免身体严重损伤
- 逐步提升身体素质
- 随时解答问题

教练能给跑者的帮助

寻找适合自己的教练

教练能给跑者很多帮助，你是不是也想寻找一个教练呢？那么，该如何找到一个好的教练呢？这需要看你的跑步需求。

在教练的专业指导下进行跑步训练

如果你想通过跑步达到健身塑型的目的，也许找一个私人教练更加适合你。

私人教练在跑步上也许没有跑步教练专业，但是可以帮你提供跑步、力量练习、柔韧性练习等方案，让你的塑型效果更好。

寻找私人教练，可以先从健身房开始，但注意你需要向教练说明自己的身体现状以及训练要求和目的等。

如果你是一个资深跑者，十分热爱跑步，想在跑步中取得好的成绩，或者想在跑步事业上有所发展，那么就需要一个专业的跑步教练。

专业的跑步教练有属于自己的理论和训练方法，并且可以提出科学的、针对你的训练方案。你可以找一位严格要求的教练，在他的指导下，你一定会在避免过度损伤的情况下获得进步。总之，你需要首先明确自己的目标和需求，然后去寻找适合自己的教练，这样才能事半功倍。

为你加油

你是不是也想要在教练的指导下跑步。想要找到一个适合自己的教练，这里有几个建议提供给你：

- 打电话或者直接和教练见面，了解教练的训练和辅导方法。
- 看看教练为和自己水平相近的跑者制订的计划。
- 一旦选定了教练，就要信任教练。

科学跑步 女子跑步百科

年轻跑者与更年期跑者，不同年龄，各具风采

畅|聊|跑|步

在参与跑步时，你最常看到的是年轻的跑者还是年长的跑者？你见到过的最年长的跑者年龄大概是多少呢？

看到不同年龄的跑者，你心里是什么感受呢？

在跑步这件事情上，没有年龄限制，无论你是正值青春的女生还是更年期的女士，只要你身体健康状况良好，都可以在跑步的舞台上展现自己的风采。

年轻跑者活力奔跑

年轻跑者，身体素质良好，不管是肌肉密度还是骨骼密度都很适宜跑步。她们参加跑步运动，不仅有益于身体健康，还可以保持轻松愉悦的心情。

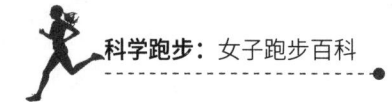

跑步的年轻女性

参与跑步的年轻女性可以塑造良好的身形，会把健康和力量视作魅力，欣赏自己健康的身体，时刻保持积极的态度，培养自己坚强的意志。

年轻跑者不仅为跑步大军增添了一道亮丽的风景线，也展示了女性青春的活力。

温馨提示

对于青少年女性来说，她们的身体发育还未成熟，而跑步可以强化少年儿童的骨骼，促进骨骼生长，因此建议青少年女性每次进行10～20分钟的跑步，每周坚持3天，这样可以有效促进她们的生长发育，还可以培养她们良好的运动习惯。

但过量的跑步训练会增大患上慢性运动损伤的概率，所以不建议未成年人参加马拉松比赛。

更年期跑者无惧奔跑

和年轻人相比，更年期的女性跑者在身体机能方面出现了衰退，她们的肌肉体积、骨密度、代谢率都下降了。

但是，年龄并不是阻碍一个人跑步的必然因素，更年期的女性参与跑步，有助于她们的身体延缓衰老。

更年期女性跑步，可以成为跑道上别样的风景。

中老年跑者

即使是老年人，只要经过系统的练习和长期的训练，一样可以创造好的跑步成绩。跑步让她们的身体更加健康，精神面貌更加出色。

每当看到年老的跑者在坚持不懈地跑步，并时刻露出着笑容，你有什么样的感觉呢？想必会被她们的勇气和坚韧所折服，忍不住为她们喝彩！

科学跑步 女子跑步百科

挑战马拉松

最初的马拉松赛事是不允许女性参加的，直到1966年，罗伯塔·吉布戴着帽子伪装成男士参加马拉松比赛，以3小时20分的成绩跑完了全程，才打开了女性参加马拉松的局面。

一直以来，外界都对女子参与跑步、参加马拉松存在着质疑，然而无数女性用自己的跑步行动——积极参加马拉松比赛，回应了质疑，用女性形象重塑马拉松。

你是不是也想要参加马拉松，想要挑战自我，感受超越极限的快乐呢？那还犹豫什么？让我们一起来挑战马拉松吧。

越来越多的女性参与马拉松比赛

马拉松训练方法

想要挑战马拉松,良好的耐力和体力必不可少。那么,在平常的训练中,我们该如何进行训练呢?都有哪些训练方法呢?下面进行简单的介绍。

❀ 长距离跑可以锻炼耐力

马拉松是一种长距离跑，对参与者的心肺、腿部、核心肌肉群的耐力都有较高的要求。因此，进行长距离跑是马拉松训练必不可少的内容。

> 在开始阶段，你的目标应是连续跑上2小时，哪怕是走跑交替也要不停移动2小时。
>
> 练习一段时间的连续跑2小时之后，可以安排一些速度和力量练习。

马拉松跑的耐力练习方法

通过跑动时间的不断加长，可以有效锻炼身体耐力，让你的体力可以支撑长时间的移动。

如果跑步场地有限，不能跑长距离的路程，也要优先保证跑步时长，连续跑动的时间远比距离重要。

温馨提示

在进行长距离跑时很容易坚持不下去，因此你可以寻找合适的搭档，这样不仅能让训练变得有趣，你们还能互相鼓励。

长时间的跑步很容易失去身体中的水分和电解质，尤其是夏天，更是如此。因此，你还要注意补充运动饮料。

跑步时长可以由你自己灵活安排，但最好不要短于2小时。

♣ 速度距离跑提升速度

有人说，跑好马拉松的关键在于正确的跑姿和配速均匀，由此可见，跑步速度很重要，尤其是尽量保持均匀的速度。你可以通过速度距离跑的训练来提升跑步速度。

> 如果你处于练习基本耐力的阶段，可以每周进行1次节奏跑或间歇跑训练。
> 如果你有很长时间的跑步经验，建议你每周进行3~5次间歇跑和节奏跑训练。

马拉松跑的速度练习方法

跑者最容易犯的错误就是锁定"目标时间"，然后根据这个时间进行速度练习，但这样做很容易会出现运动损伤。

马拉松比赛没有制胜的"法宝"，你需要做的就是集中精力训练，根据训练状况灵活调整。

马拉松赛前准备

在经过长距离跑和速度距离跑训练之后，相信你对参加马拉松比赛已经有了充足的自信。但你还需要做好马拉松的赛前准备。

首先，在比赛的前一天，你可以提前去了解场地信息，比如交通状况。

第五章 征服不服，潇洒奔跑：回击女子跑步的质疑声

准备好跑步装备，比如运动服、防晒霜、凡士林、手机等。如果比赛时温度比较低，还需准备雨衣、大塑料袋等保暖物品。

女性跑步装备

其次，在比赛的前天晚上一定要保证充足的睡眠，你需要早点上床睡觉，最好在晚上 10 点前睡觉。你还要保证充足的营养，可以吃含糖高的淀粉类食物，但不要尝试之前没有吃过的食物。

最后，在比赛当天一定要保持放松，在比赛 2 小时前起床，不要吃太过油腻的早餐。保证充足的饮水，也可以补充运动饮料，但在比赛前的半小时内不要饮水。

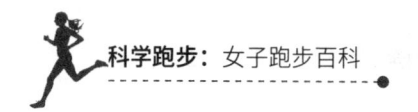

马拉松比赛中如何补水

马拉松比赛的路程长达42公里，沿途会设置很多补给站点。参赛者由于不断跑步，会消耗大量的能量和水分，尤其是水分流失很快。因此，参赛者应尽量做到逢站必进，进站点补充水分。

小口勤喝，一次不要过量

补水也是讲究方法的，补水的关键是少量多次，小口勤喝。

在开始的1个小时内，只需要补水即可，每次不要喝太多，100~200毫升即可；在之后的每个小时内，要适当补充电解质，此时可以选择运动饮料。

为你加油

在参加马拉松比赛时,你可能会因为数万人起跑的场景而激动不已,但这时千万要保持理性。这里有参加马拉松比赛的几个建议:

- 请保持自己的节奏,无论周围的人是怎样的速度,你都不要受其影响,根据自己计划的配速奔跑。如果不能保持匀速奔跑,也可先快后慢,先跑后走。
- 当遇到抽筋、岔气等问题时,先降低跑速进行缓解,如果问题比较严重的话,请寻求医疗点的帮助。
- 跑到终点后,千万不要立刻停下来休息,要记得及时进行拉伸。

牢记以上几点,相信你一定会有不错的马拉松运动成绩和运动体验。

科学跑步 女子跑步百科

CHAPTER 6

第 六 章

防治损伤，呵护心灵：
女性跑步安全

自由呼吸、畅快奔跑。

享受美丽、享受健康、享受美好时光。

爱美的你，积极参与健身跑运动，希望从中收获自由与健康，但是跑步中总会遇到这样或那样的让你感到困扰甚至是无助的问题，比如运动损伤、疼痛等。避免和妥善解决这些问题，能让你更轻松自在地享受跑步。

接下来一起来认识这些跑步问题，并掌握避免、妥善处理这些问题的方法。只有解除跑步烦恼，才能更好地投入跑步、享受跑步。

一些基础性损伤

畅|聊|跑|步

参与跑步有助于保持青春活力,但是跑步时总是会有一些损伤时不时地出现并扰乱你的跑步计划。

在参与跑步的过程中,你和你的朋友有没有遇到过一些跑步运动损伤困扰?当时是怎么做的?

这些跑步运动损伤是如何出现的?怎样科学预防它们?可以采取哪些有效的应对措施?

晒伤

爱美的女性都深知防晒的重要性,科学的防晒有助于减缓皮肤的衰老。

热爱跑步的你,一定经常在户外参与跑步,晴朗的天气、明媚的阳光、和风徐徐,真是一种美好的享受。

但是，在户外参与跑步，尤其是在夏天，皮肤裸露在阳光下，接受强烈的阳光长时间的照射，就会引发晒伤。防晒的重要性在本书第二章已经强调过，这里从损伤角度进行讲解分析。

❀ 晒伤的表现

当你皮肤感觉不适、颜色发生变化时，你应该迅速意识到自己可能被晒伤了。

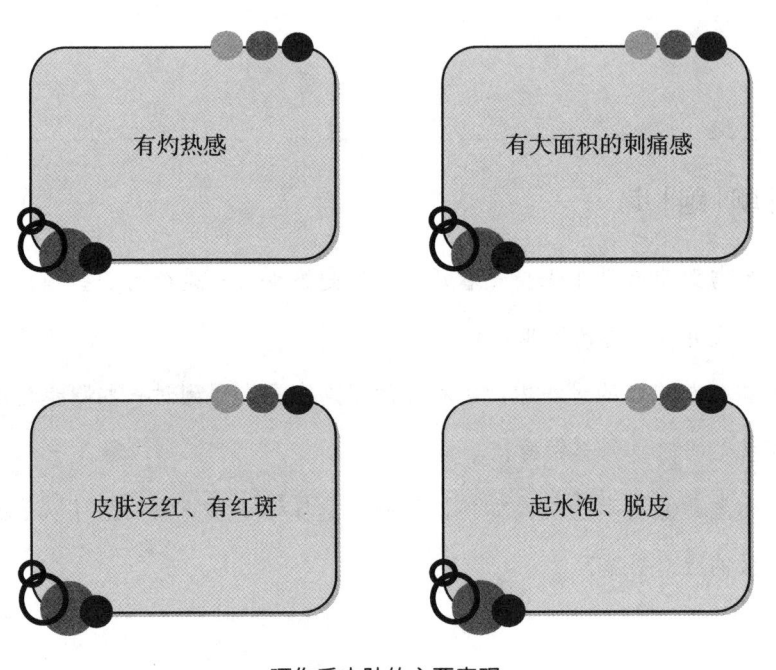

有灼热感	有大面积的刺痛感
皮肤泛红、有红斑	起水泡、脱皮

晒伤后皮肤的主要表现

❀ 晒伤的预防与处理

晒伤预防

为了避免晒伤，做好防晒是关键。

第六章 防治损伤，呵护心灵：女性跑步安全

正在使用防晒喷雾的跑者

科学的防晒应从两个方面入手，一方面是做好物理防晒，另一方面是做好化学防晒，这两种方法可以结合起来共同使用。

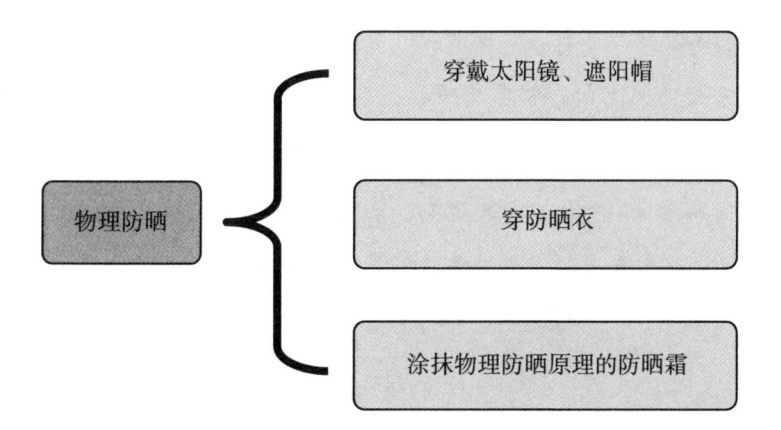

物理防晒
- 穿戴太阳镜、遮阳帽
- 穿防晒衣
- 涂抹物理防晒原理的防晒霜

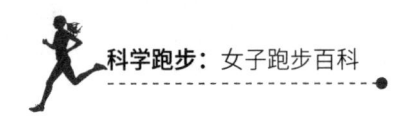

```
化学防晒  →  喷涂化学防晒原理的喷雾、霜
```

跑步防晒的有效措施

在参与健身跑的过程中，科学的防晒能避免皮肤受到紫外线的伤害。做好防晒工作，不仅能使你更舒服地参与跑步，还能有效抵抗皮肤因强紫外线照射而引起的皮肤色斑、衰老。

温馨提示

目前，市面上有很多防晒类护肤品，你应该如何选择呢？

防晒类护肤品作用于皮肤表面，其防晒原理也大致可分为物理防晒和化学防晒两大类。

这里所说的护肤品的物理防晒与上文的防晒装备的穿戴不同，它是指护肤产品的防晒原理，即防晒剂喷涂于皮肤表面形成一层保护层，将照射到皮肤的紫外线折射移走；护肤品化学防晒则是指防晒剂将照射到皮肤上的紫外线吸收掉，保护皮肤不受损伤。

在皮肤体验方面，物理防晒较为厚重，但敏感肌可用，而且防晒效果持久；化学防晒轻薄，皮肤无负担，但敏感肌慎用。

在防晒系数（SPF）选择方面，一般地，参与夏季户外跑步，推荐SPF50＋；其他季节的户外跑步，推荐SPF30＋（表6-1）。

如果跑步中出汗较多，应每隔1～2小时喷涂一次防晒喷雾或防晒霜。

表 6-1 防晒系数对应防晒时长

防晒系数（SPF）	时长（分钟）
15	150
25	250
30	300
50	500

晒伤处理

如果一时大意忘记做好防晒或者防晒做得不到位导致晒伤，这时又该如何处理呢？

针对皮肤晒伤程度，应及时采取有针对性的措施进行科学干预，促进受伤皮肤修复，并警惕二次晒伤。

> 轻度晒伤：感到皮肤晒伤后，即刻使用补水喷雾为皮肤降温、补水，及时降低和缓解皮肤的灼热、刺痛感，及时给皮肤补充水分。

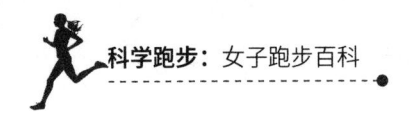

中轻度晒伤：降温、补水的同时，大面积涂抹芦荟胶或者含有芦荟胶的护肤品，快速镇静晒伤皮肤。

重度晒伤：不要轻易尝试刺破水泡，不抓挠、包裹受伤皮肤，及时就医诊治。

晒伤的处理建议

擦伤

❖ 擦伤的表现

日常生活中，皮肤受到硬物的碰撞很容易发生擦伤。女子跑步爱好者在参与跑步时，因鞋子不合适或者跑步跌倒，都有可能引发皮肤擦伤。

皮肤组织被破坏

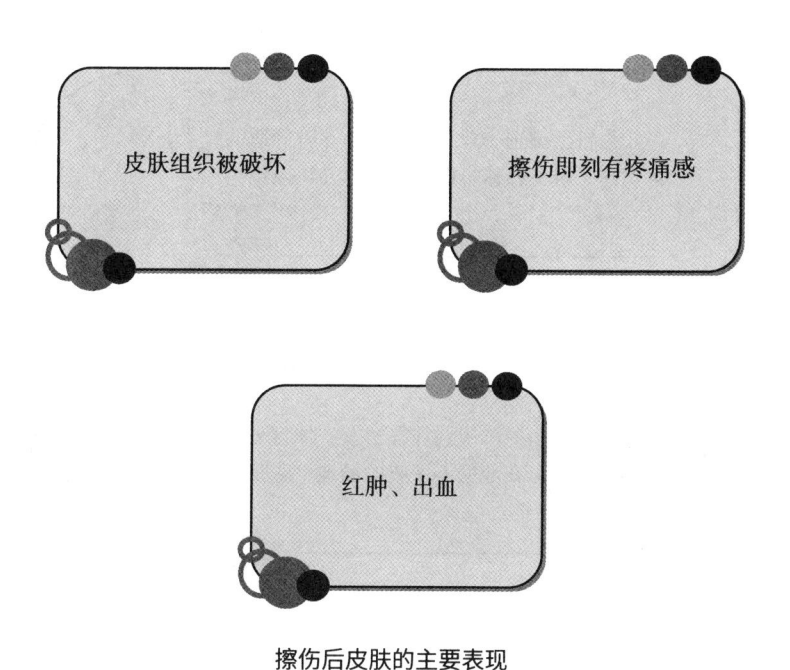

擦伤即刻有疼痛感

红肿、出血

擦伤后皮肤的主要表现

❀ 擦伤的预防与处理

擦伤预防

皮肤擦伤不仅会引发疼痛、红肿、发炎，还会影响美观，这对于女性跑者来说是不小的困扰，一定要做好预防。

为避免在跑步运动中发生擦伤，应提前预见可能诱发擦伤的因素，及时避免和远离这些因素，从而有效预防擦伤。

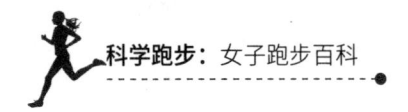

为自己挑选一双大小合适、穿着舒适的鞋子，穿运动袜，避免鞋袜过度摩擦脚部导致擦伤。

参与跑步时，应选择在学校、体育公园的健身跑道上跑步，避免在地面不平整的场地上跑步。

跑步时，注意力集中，如果感到疲劳、重心不稳时，应及时调整跑步或停下休息。

跑步擦伤的有效预防

擦伤处理

皮肤擦伤后，冷静应对、科学处理，切不可因擦伤面积小而忽视它，也不可因为擦伤面积大而惊慌失措。

皮肤擦伤后可采取的正确处理建议如下。

第六章　防治损伤，呵护心灵：女性跑步安全

轻度擦伤：及时检查伤口是否有泥土和沙子等异物，如果有，及时清理这些异物，并贴上创可贴。

中度擦伤：清理伤口异物，喷涂酒精、碘酒消毒，敷止痛止血药，简单包扎，保持伤口透气。

重度擦伤：清理伤口异物，为避免伤口感染，应及时就医诊治，必要时应打破伤风。

擦伤的处理建议

科学跑步

女子跑步百科

哪些疼痛说明你可能受伤了？

畅|聊|跑|步

你在跑步时，有发生过身体某些部位疼痛的现象吗？你当时是怎样处理的？疼痛感觉得到有效缓解了吗？

你认为跑步中哪些原因可能导致身体疼痛？哪些疼痛需要特别引起重视？为什么？

疼痛，是一种主观感受，是身体向你发送的重要信号。

在参与跑步时，如果你感到身上某一部位发生疼痛，应及时感受并查明原因，不忽视、不无措。

有些女性"不拘小节"，往往会因为没有明显的外表伤症而忽视疼痛。也有一些女性"过度谨慎"并且"联想丰富"，遇到疼痛后容易惊慌失措、过度联想。

面对跑步中的疼痛，应科学、冷静对待。

接下来,一起来了解一下女性跑者在跑步中经常遇到的几种疼痛,并了解引起这些疼痛的诱因。

腰腿部肌肉酸痛

参与跑步时,如果运动量或运动强度过大,就有可能引发肌肉酸痛。跑步爱好者常见的肌肉酸痛多发生在腰部、腿部。

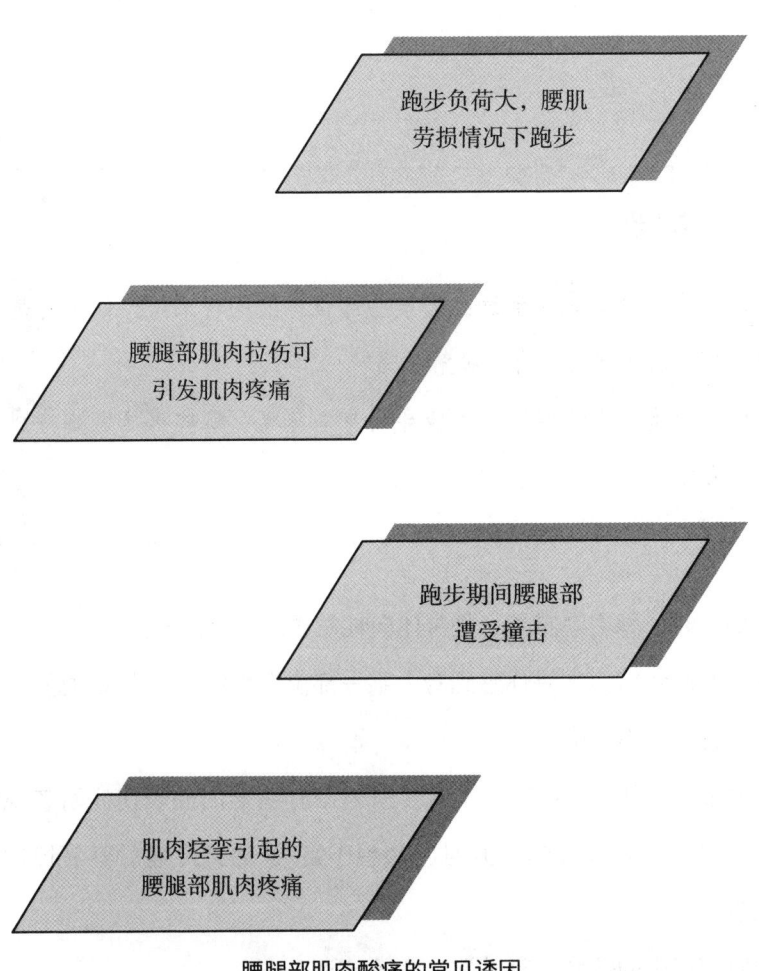

- 跑步负荷大,腰肌劳损情况下跑步
- 腰腿部肌肉拉伤可引发肌肉疼痛
- 跑步期间腰腿部遭受撞击
- 肌肉痉挛引起的腰腿部肌肉疼痛

腰腿部肌肉酸痛的常见诱因

大部分时候,腰腿部酸痛的情况较轻者,仍可以从事小运动量和短时间段的健身跑,但如果疼痛严重时就必须及时就医诊治。

发生腰部肌肉酸痛的跑者

腹部疼痛

女性在跑步中受到腹部疼痛(腹痛)干扰的情况也比较多见。一般来说,跑步爱好者在跑步期间发生腹痛的原因较多,女性跑步运动爱好者的腹痛诱因更为复杂。

女性跑步中的腹痛可能与跑步运动损伤有关,也有可能是由病理、生理因素,以及其他多种因素引起的。

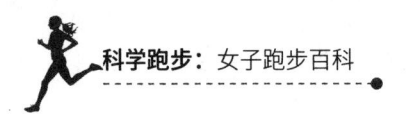

- 热身不充分，身体突然跑步不适应
- 饮食后即刻参与跑步，胃部负担重
- 呼吸节奏紊乱、岔气
- 体内水、盐大量流失
- 病理性的腹痛
- 月经引起的腹痛

腹痛的常见诱因

膝关节疼痛

跑步中的膝盖痛也是一种多发性的疼痛，很多优秀的跑者也会在不同的阶段遇到膝关节疼痛的问题。

当你在跑步时，每跑一步，膝关节就会接受来自地面的一次冲击，如果膝关节长期受到力的冲击而得不到缓解，那么膝关节受伤的概率就会大大增加。

膝盖疼痛的跑者

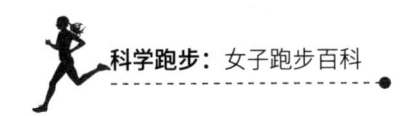

必须要提醒你的是，并非所有的膝关节疼痛都是由跑步引起的。

如果你在跑步中穿不合脚的跑鞋、跑鞋没有足够的支撑功能、跑步技术不正确、膝关节位置异常等，都有可能引发膝关节疼痛。

损伤导致，如髌骨软化、半月板损伤等

潮湿的天气、恶劣的气候引起

膝关节痛的常见诱因

脚踝痛

如果你经常穿高跟鞋，那你一定有过走路时重心不稳或者鞋跟被绊住的经历，这种情况下，非常容易扭伤脚踝。

第六章　防治损伤，呵护心灵：女性跑步安全

脚踝受伤的跑者

脚踝常见损伤主要有踝部韧带损伤、踝关节前侧肿胀、踝关节过度负荷、踝关节撞击伤等。

踝部韧带损伤

踝关节前侧肿胀

踝关节过度负荷

踝关节撞击伤

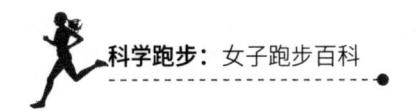

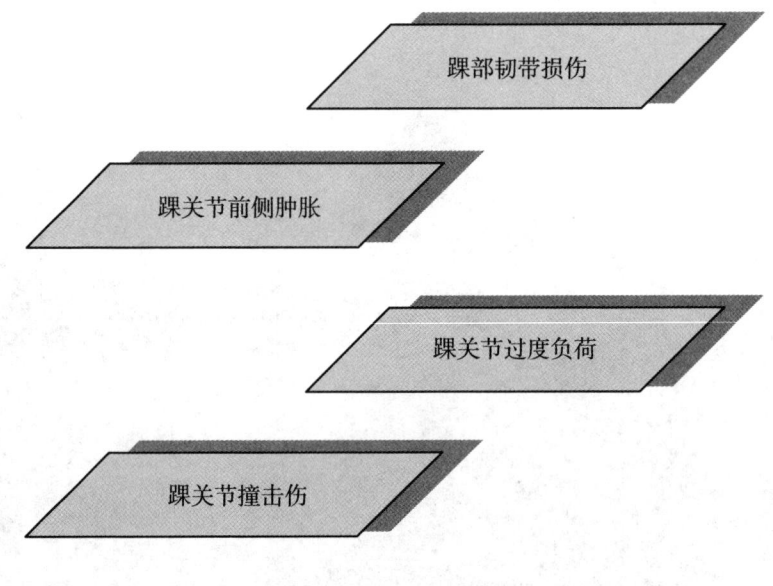

膝关节痛的常见诱因

在踝关节的众多损伤中，扭伤最为多发。参与跑步时，如果不小心扭伤脚踝，脚踝部就会立刻有明显的痛感。除此之外，脚踝部还有可能发生其他运动损伤，进而引发疼痛。

跑步运动中其他诱因引起脚踝损伤后，同样可引发脚踝的疼痛，并伴有发炎、运动障碍等症状。

脚部疼痛

日常生活中，长时间走路，尤其是不经常运动的人突然长时间走路，往往会引起脚部不适和疼痛。

跑步也是如此，长时间、长距离的跑步都可能会诱发脚趾、脚掌、脚跟等部位的不适和疼痛。

除了长时间的脚跟运动负重，一些运动伤病也会引起脚部疼痛，这时就需要你特别留意疼痛的位置和其他症状，以及早发现和明确损伤，提前进行科学干预和治疗。

跑步中遇到足跟痛

跑步中遇到的脚部疼痛建议及时查明原因，采取有针对性的措施，如通过选择一双合适的跑鞋，进行脚部按摩，穿戴拇趾外翻袜子，穿足弓矫正器，拉伸腿部肌肉等措施来缓解疼痛。

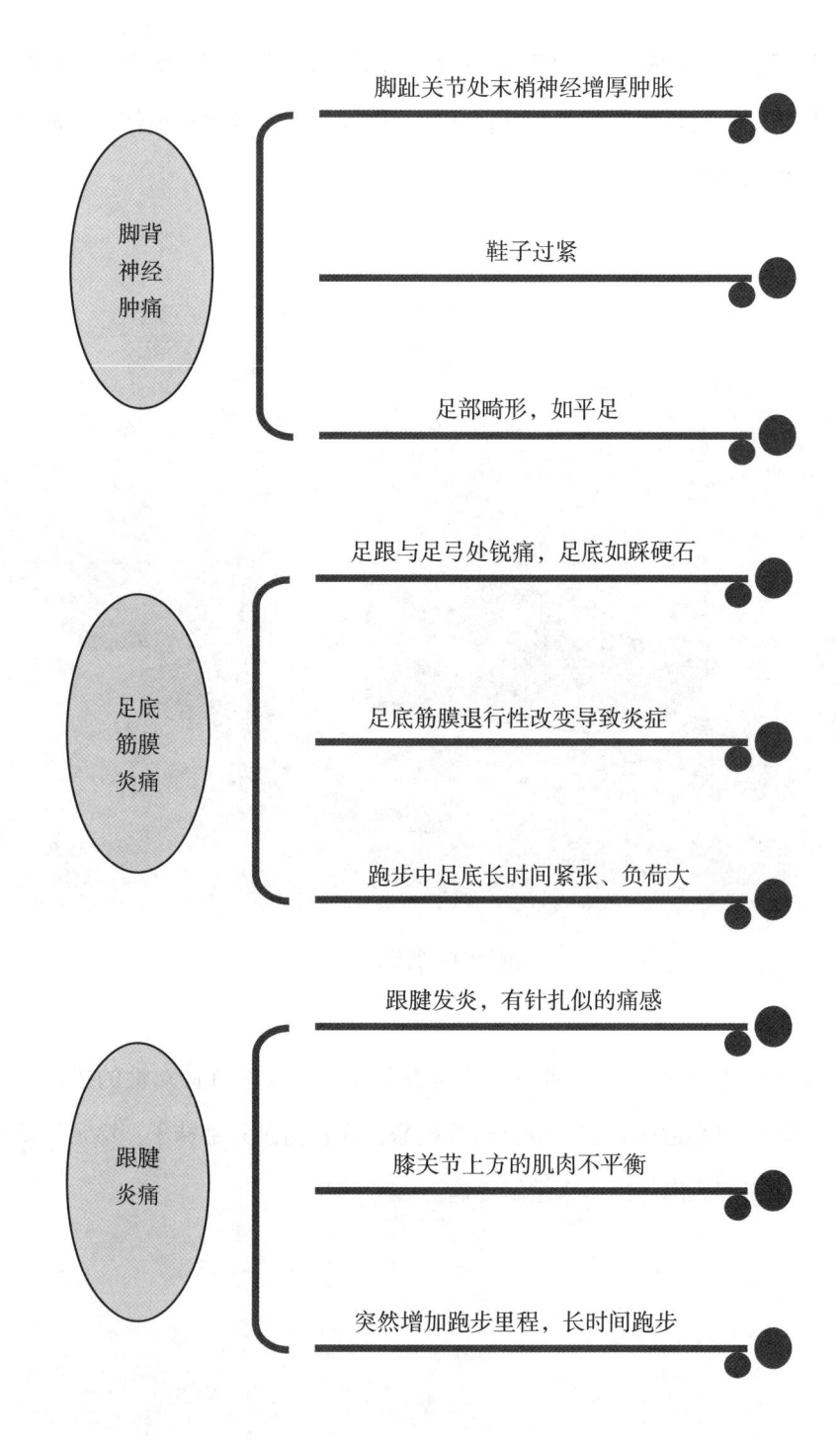

脚背神经肿痛
- 脚趾关节处末梢神经增厚肿胀
- 鞋子过紧
- 足部畸形，如平足

足底筋膜炎痛
- 足跟与足弓处锐痛，足底如踩硬石
- 足底筋膜退行性改变导致炎症
- 跑步中足底长时间紧张、负荷大

跟腱炎痛
- 跟腱发炎，有针扎似的痛感
- 膝关节上方的肌肉不平衡
- 突然增加跑步里程，长时间跑步

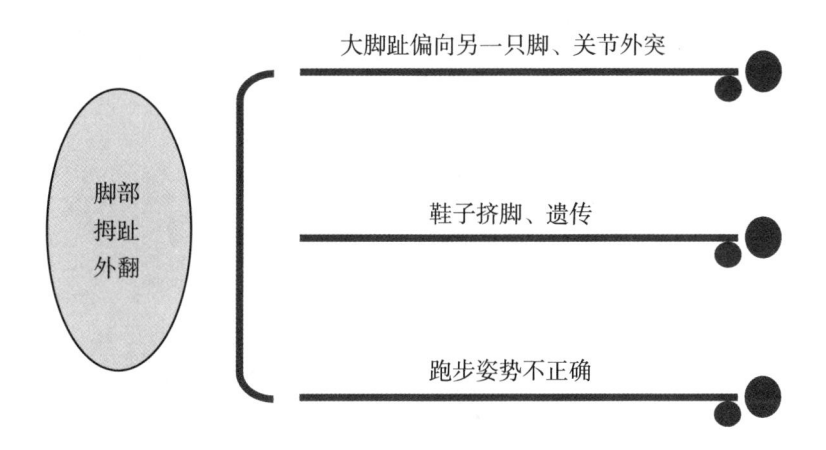

第六章 防治损伤，呵护心灵：女性跑步安全

```
                    ┌─── 大脚趾偏向另一只脚、关节外突 ●
  ╭─────╮          │
  │ 脚部 │          │
  │ 拇趾 │─────────┼─── 鞋子挤脚、遗传 ●
  │ 外翻 │          │
  ╰─────╯          │
                    └─── 跑步姿势不正确 ●
```

脚部常见疼痛症状及诱因

总之，如果在跑步过程中，感受到了身体任何部位的疼痛，不要惧怕它，也不应轻视它，要敢于正视疼痛，积极找到疼痛产生的根源并想办法缓解、治愈疼痛。

如果疼痛较轻，应注意观察；如果疼痛严重，应及时就医。

科学跑步

女子跑步百科

女子跑步常见伤病

肌肉痉挛

❋ 认识肌肉痉挛

肌肉痉挛,俗称"抽筋",是一种常见的运动性损伤。跑步运动爱好者肌肉痉挛的情况多发生在腿部。

❋ 肌肉痉挛的表现、预防与处理

当你在跑步前没有做好充分热身,或者在较冷的天气跑步时,只要"风度"不要"温度",或者运动量太大等,都有可能引发腿部"抽筋"。

科学跑步：女子跑步百科

跑步中腿部肌肉痉挛

局部肌肉僵直硬挺，肢体难以伸缩

局部肌肉疼痛，持续时间少则数十秒，长则数分钟

肌肉痉挛的主要表现

跑步前，尤其是冬季跑步前，做好充分的热身准备。

寒冷天气中跑步应注意适量增减衣物，不超负荷跑步。

肌肉痉挛的有效预防

按摩、牵拉痉挛部位的肌肉，将"抽筋"的部分向相反的方向缓慢拉伸并维持数秒。

待肌肉感觉缓和后充分休息，饮用含糖热饮，跑步后可以洗个温水澡。

肌肉痉挛的处理建议

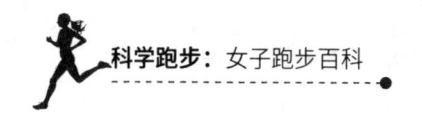

需要特别提醒你的是，有时候发生了腿部肌肉痉挛，为了尽快缓解不适，有的人往往会快速、用力牵拉因痉挛而疼痛的部位，会忘记控制牵拉速度和力度，这是非常不可取的，一定要注意拉伸动作不可过猛。

自主牵拉腿部痉挛肌肉

第六章 防治损伤，呵护心灵：女性跑步安全

在朋友帮助下牵拉腿部痉挛肌肉

温馨提示

跑步损伤出现前，身体除了疼痛、疲劳，也可能出现其他一些"异常信号"，这些信号都预示着发生运动损伤的概率会增加。

女子跑步损伤预警主要有以下几种：

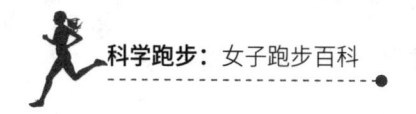

- 疲劳；
- 过敏；
- 失眠、盗汗；
- 肌肉或肢体酸痛；
- 体重速降；
- 跑步运动水平下降；
- 失去跑步兴趣或动力；
- 静态心率提升，血压增高。

膝盖损伤

认识膝盖损伤

很多女性在跑步时会遇到膝盖疼痛和损伤的问题。

跑步时，如果姿势不正确，或身体肌肉用力不当，就可能导致膝盖损伤。

如果你是一名宝妈，或者年纪稍长一些，就需要在健身跑中特别关注膝盖，因为你在跑步中膝盖疼痛和发生损伤的概率要更大一些。

大腿前侧肌肉过于紧绷或放松

臀部躯体弱支撑，膝盖向内倒塌

双脚过度内翻，增加股骨内侧压力

膝盖过度受力可导致膝盖损伤

❀ 膝盖损伤的表现、预防与处理

面对跑步中的膝盖损伤，应及时查看并辨别是运动性损伤还是病理性损伤，并结合损伤症状采取有效处理措施。

女性跑步中的膝盖损伤可能是多种原因引起的，不同原因表现症状不同，一定要重视保护自己的膝盖。如果疼痛剧烈或怀疑为膝关节脱位、韧带断裂则应及时就医诊治。

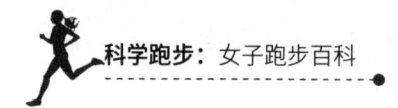

患有膝关节炎的中老年人的健身跑运动量过大也会引发膝盖损伤

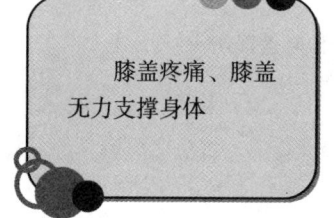

膝盖疼痛、膝盖无力支撑身体

膝盖有运动障碍，自主活动困难

膝盖脱臼，半月板损伤、韧带断裂，伤后即刻疼痛剧烈

局部肿胀、疼痛，压痛明显，皮下有瘀斑

膝盖损伤的主要表现

第六章　防治损伤，呵护心灵：女性跑步安全

跑步前做好热身准备，充分活动膝关节。

坚持正确的跑步姿势，避免给膝盖过度施压。

不在硬地上跑步，中老年女性跑者避免大量跑步。

膝盖损伤的有效预防

练习蹲跳，提高大腿前侧、臀部、躯干的肌肉力量，减少膝盖的压力。

按摩与冷热敷结合作用于膝部，改善膝盖处血液循环，放松膝盖周边的肌肉。

膝盖损伤的处理建议

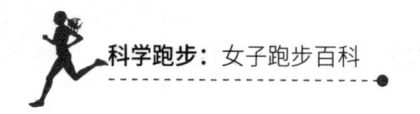

运动性贫血

认识运动性贫血

贫血是指我们人体血液中红细胞数量和血红蛋白量低于正常值的现象，运动性贫血就是由于运动而导致的贫血。

与男性相比，女性更易贫血。女性跑者在跑步中发生运动性贫血而眩晕的现象时有发生。

一般来说，女性跑者的跑步运动负荷陡增、在生理期参与跑步，更容易引发运动性贫血。

运动性贫血的表现、预防与处理

谈到运动性贫血，或许你脑海中会出现这样的画面：一名美丽的女子正在跑道上跑步，突然毫无征兆地晕倒在地。

其实，运动性贫血有轻有重，如果程度较轻，健身跑者的身体是没有明显的症状的。

- 皮肤、黏膜、指甲等苍白
- 嘴唇干裂，容易倦怠，注意力不集中

第六章 防治损伤，呵护心灵：女性跑步安全

头晕，食欲下降

跑步过程中出现心跳加快，心悸

中度和重度运动性贫血的主要表现

饮食均衡、多食用益气补血的食物、避免过度节食。

生理期降低跑步运动量或停止跑步。

运动性贫血的有效预防

增加营养，增加蛋白质、铁、维生素C的摄入，吃一些绿色蔬菜、水果、动物肝脏、豆类、蛋类等食品。

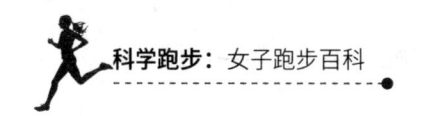

> 调整运动量，必要时停止跑步健身，休整一段时间后再参与跑步运动。

运动性贫血的处理建议

运动性腹痛

认识运动性腹痛

运动性腹痛是运动过程中、运动结束后不久发生的急性腹痛，"腹痛突然出现"是运动性腹痛的一个重要特征。

运动性腹痛，多发生在腹部及其周围，多表现出现局部性的疼痛，疼痛程度有轻有重，严重时可能危及生命。

值得特别提醒的是，孕妇参与健身跑应遵循医生的指导建议，并做好跑步中的医务监督，如果跑步中发生了腹痛，一定要引起重视，及时就医，避免发生意外。

> **温馨提示**
>
> 病理性腹痛是由于身体内的器官病变引起的腹痛，它与运动性腹痛是不同的。
>
> 病理性腹痛位置与病变脏器位置有直接联系。
>
> - 肝胆疾病——右上腹痛。
> - 脾脏有瘀血——左上腹痛。
> - 十二指肠溃疡和胃炎——中上腹痛。
> - 肠痉挛或蛔虫病——腹中部痛。
> - 宿便——左下腹痛。
> - 阑尾炎——右下腹痛。
>
> 跑步中，如果发生腹痛，要注意区分是病理性腹痛还是运动性腹痛，病理性腹痛应及时就医。

❀ 运动性腹痛的表现、预防与处理

运动性腹痛最主要的病症表现就是腹痛，除此之外，还有可能出现其他身体不适。

明显的腹痛

头晕、呕吐、腹泻

发生病理性腹痛时，手轻按腹疼痛加重，并伴有寒战、高热，甚至休克等症状

运动性腹痛的主要表现及病理性腹痛判断

采用正确的跑步呼吸方法，避免岔气使部分气体进入胃肠道导致胃肠道功能混乱引起的腹痛。

穿舒适的运动裤参与跑步运动。

跑步过程中，时刻注意自己的呼吸节奏与跑步速度。

运动性腹痛的有效预防

第六章 防治损伤，呵护心灵：女性跑步安全

> 轻微的腹痛，降低运动强度，调整呼吸，用拇指按住疼痛部位。

> 胃肠道肌肉痉挛引起的腹痛，可用暖水袋、热毛巾等进行热敷。

> 外力撞击引起的腹痛，可用手反复揉按或按摩疼痛部位，放松腹肌。腹痛剧烈应及时就医。

运动性腹痛的处理建议

科学跑步

女子跑步百科

警惕与避免奔跑路上的一些人身伤害

近年来，关于女性在参与运动中遇到各种人身伤害的相关报道屡见不鲜，如他人主观蓄意伤害、动物咬伤、被物体撞伤或砸伤等。这些都提醒女性跑步爱好者要时刻注意保护自己免受伤害。

忙碌的职场丽人们，参与运动健身的时间有限，对于一些热爱跑步的女性来说，她们更多地选择在清晨和夜晚参与跑步。

当清晨的天空微微透出一丝光亮时，她们已经穿上跑鞋，奔跑在小区或公园的健步道上。

她们，被称为"晨跑族""夜跑族"。

科学跑步：女子跑步百科

晨跑的女性

夜跑的女性

第六章　防治损伤，呵护心灵：女性跑步安全

对于参加晨跑和夜跑的女性来说，可能会遭遇一些不法分子的尾随和伤害。对于这种情况应提高警惕，最好的方法是提前预防，杜绝此类事情的发生。

一般来说，女性跑步运动爱好者在参与晨跑或夜跑时，最好能找一个或多个小伙伴陪你一起跑步，在跑步过程中彼此相互照应。

与同性好友结伴跑步

与异性好友结伴跑步

除了结伴而行,在跑步的时间与地点选择上也要注重安全性。例如,晨跑的时间不要太早、夜跑的时间不要太晚,跑步的地点尽量选择在离居民区、商业区较近的公园,避免去偏僻的地方跑步。

避免人为伤害:
· 在健身房参加跑步。
· 约三五好友结伴跑步。
· 在小区内开展跑步。
· 选择在街心健身公园进行跑步。
· 为手机设置实时定位、携带一键报警装置。

避免动物伤害：
- 跑步过程中，遇到小动物，放慢或停下脚步，尽量避让。
- 不随意引逗、喂食小动物。
- 跑步前可以在手腕、脚腕涂抹风油精或清凉油，小动物对这些味道比较排斥，会自动远离你。

避免其他伤害：
- 大风天气跑步时远离招牌、大树，或暂停一次跑步，以免被折断的树枝、掉落的招牌划伤、砸伤。
- 雨天跑步时，远离密林和高压线。

跑步中的一些人身伤害的避免措施

不仅是晨跑和夜跑，在任何时候参加跑步时，面对跑步中可能遇到的一些人身伤害，应有预见性，并提前做好防护措施，如果发生意外事件，一定要冷静应对、勇敢求救、及时报警。

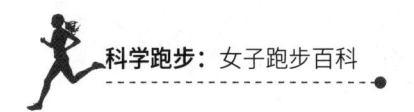

为你加油

跑步让我们能享受健康、享受美好的独处时光、享受跑步社交的乐趣。

跑步不仅仅是"迈开腿跑"这么简单,科学参与跑步,能让你获得更好的跑步效果,更快实现跑步目的,同时,还能有效避免一些身体损伤和伤害。重视跑步运动安全非常重要,而且必要。

科学跑步,体验一段美好的跑步之旅,让跑步成为你的终身好友,与你相伴一生。去奔跑吧,享受健康,享受美好人生!

参考文献

[1] [美]克莱尔·科瓦奇克著；张耀霖，张毓婷译.跑步圣经（女性版）[M].北京：北京科学技术出版社，2019.

[2] [美]贾森·卡普著；王晓芸译.跑步减脂[M].北京：北京科学技术出版社，2020.

[3] [美]达格妮·斯科特·巴里奥斯著；益跑网编辑部译.女子跑步全书[M].北京：中国发展出版社，2014.

[4] [英]墨菲著；樊俊，朱丽娜译.女性跑步健体书[M].北京：中国轻工业出版社，2004.

[5] [日]中野·詹姆斯·修一著；王雪译.跑步瘦身法[M].海口：南海出版公司，2018.

[6] 林路.跑步者说[M].北京：当代世界出版社，2016.

[7] 北京医师跑团.你真的会跑步吗[M].北京：现代出版社，2018.

[8] 花楠.运动与形体塑造[M].北京：中国书籍出版社，2018.

[9] 韩兆兴，郝振贤，崔芳囡.减肥有方[M].北京：中国中医药出版社，2017.

[10] 舒雪，曾拂广.无"械"可"肌"[M].成都：成都时代出版社，2016.

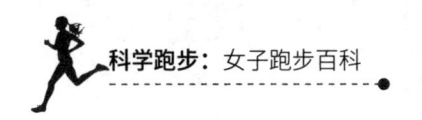

[11]　[美]杰夫&芭芭拉·盖洛威,南希·克拉克著;毛润卿译.女子跑步与燃脂塑型[M].北京:中国轻工业出版社,2017.

[12]　王广兰,汪学红.运动营养学[M].武汉:华中科技大学出版社,2017.

[13]　[美]乔丹·D.梅茨尔(Jordan D. Metzl),克莱尔·科瓦里克(Claire Kowalchik)著;鄢峰,乐乐译.跑步损伤的预防和恢复[M].北京:人民邮电出版社,2017.

[14]　[加]伊恩·麦克尼尔,加拿大不列颠哥伦比亚运动医学理事会著;潘小飞译.爱上跑步的13周[M].海口:南海出版公司,2014.

[15]　方旭东.跑步笔记[M].北京:人民邮电出版社,2019.

[16]　[澳]布拉德·比尔(Brad Beer)著;徐建武,廖丽萍译.无痛跑步法——一名物理治疗师的五步指南:享受无损伤及快步跑步[M].长春:辽宁科学技术出版社,2018.

[17]　罗炜樑.科学跑步:跑步损伤的预防与康复指南[M].北京:清华大学出版社,2019.

[18]　[英]保罗·和布拉夫(Paul Hobrough)著;任钰琪译.拒绝伤病:跑步损伤预防与恢复指南[M].北京:人民邮电出版社,2019.

[19]　曹定汉.走跑与健身[M].北京:中国科学技术大学出版社,2007.